Ⓢ新潮新書

青木 功
AOKI Isao

勝負論

610

新潮社

2007年、日本シニアオープンではエージシュート(65)を叩き出し、6打差からの逆転優勝。最終18番ホールでバーディを決めた瞬間。　（提供：日本ゴルフ協会）

まえがき

日頃から目標に向かって頑張っていても結果が伴わないと途中であきらめたり、過剰に悩んだりする人がいる。そんな時、何かしら心の支えになる強い意志というのか、動機づけのようなものがないと「気」がもたないものだ。

おれはこれまで何度失敗したか分からない。

でも、ゴルフの相手は自然だからけっして文句は言えない。ラッキーも、アンラッキーも全て受け入れないといけない。そんな世界で長年歩んで来たからか、誰よりも楽観的（ポジティブ）な考え方になった。「失敗したらどうしよう」「負けるかもしれない」とネガティブなことは想像すらしない。結果がどうなるにせよ、最初から失敗を恐れていては後悔するだけ。「失敗したらその時に考えよう」「負けるはずはない」という具合に、おれの頭は常に「プラス思考」なのである。

富山藩で伝えられた古流武術に四《し》心《しん》多《た》久《く》間《ま》流という柔術があるそうだ。この「四心」と意味が異なるけれど、おれがゴルフをするにおいても「競争心」「闘争心」「挑戦心」「好奇心」という四つの心によって支えられている。ガキの頃から負けん気が強かったおれは、負けるのが大っ嫌いであった。遊びの相撲も勝つまでやったし、駆けっこで一等賞を取れないと人一倍悔しがる性格だった。プロになってから現在に至るまで、勝ち負けにはこだわり続けているのは、この「競争心」が心の中心にあるからだ。

二つ目の「闘争心」は、なにくそ根性というか、がむしゃらに一つの目標に対して打ちこむ心というのかな。特にライバル、ジャンボ（尾崎将司）がデビューしてからは彼に対して闘争心を掻《か》き立てた。ジャンボと競って負けたら口ではいちおう「おめでとう」と言って握手はするけれど、悔しくて無意識に力が入りギューッと握っていた。ところがゴルフに限らず最近のスポーツ選手は勝ち負けにこだわっていないのか、2位でも、3位でも、「楽しみました」とか「充実できました」というようなニュアンスを口にしている。負けたら悔しくてしょうがないはずなのに、何でそんな言葉がでるのだろうか。おれはまったく考えられない。どんな世界でも「闘争心」がなくなったら戦い続けられないはずなのだが……。

三つ目は「挑戦心」という言葉である。おれが勝手に作った言葉なんだけど、失敗しても次がある、どんなことがあっても挑戦し続けるという意味合いで使っている。突き詰めていくと、ゴルフも人生も失敗の繰り返しで成長する。最初から全てを出来る人間なんていやしない。「ああそうか、こういうものなんだ」「次はこれをやってみよう」と失敗から次につながる何かを見付けて成長するものだ。おれはこれまで2位に終わった試合が何回あったか数え切れない。それでも「今に見てろよ」とばかりに努力した。上手くなりたいという気持ちだけは忘れなかった。逆に言えば、上手くなったと思ったら次の課題が見つからないし、成長が望めない。「失敗は成功のもと」とも言う。

全てをプラスに捉えた方が結果に結びつくということをこれまでの経験で学んだ。

そして、最後が「好奇心」である。ゴルフに関することなら、なんでも興味を持っている。道具はもちろん、トレーニング方法やゴルフ場で使う芝の種類など、全てにおいて知りたくてしょうがない。また、アメリカはもちろん、イギリスやオーストラリアなど世界各国、ゴルフ場さえあればどこへでも行った。「海外にはどんなコースがあるのだろう」「どんな選手がいるのだろう」と、ことゴルフに関して好奇心の強いおれは、出場の機会があれば飛行機で何時間かかろうが関係なかった。結局のところ、おれはゴルフのできる環境さえあれば幸せなのである。それだけゴルフが大好きだし、ゴルフに関する好奇心が強いのである。

持論だけど、どんな世界でも壁にぶち当たった時こそチャンスだと考えなければいけないと思う。人生を長く続けていく中で色んな壁が立ちはだかるのは当然で、その壁を避けては向上できない。その場しのぎで壁をヒョイと避けて通ると、後で倍になってシッペ返しがくる。だったら最初から壁に真っ向からぶつかっていった方が早く克服できるんじゃないかな。ゴルフ一筋に生きてきたおれの人生観は一般的な考え方とは離れているかもしれない。ただ、ひとつ間違いなく言えるのは〝マイナス思考では向上が望めない〟ということだ。

本書は半世紀に亘って勝つことだけにこだわってきた、おれの理論であり、心の記録でもある。「青木がこんなことを言ってたぞ」「こんな考え方もあるんだ」って少しでも感じてくれれば幸いである。

勝負論

目次

1 Hole

一流と二流は何がちがうのか

Ⅰ　一流になれる人、なれない人

「一流」以前

どんな世界であっても、一流と二流の差は大きい。

プロゴルファーであれば、勝てない選手はいつまでも二流で、勝った選手は一流として評価される。それこそ2位が100回あったって、1回でも勝ったことがある選手の方が〝上〟の評価をされるのがプロの世界なのである。

ゴルフのトーナメントは120名もの選手が同じフィールドで、1打でも少ないスコアを競う。その中で一番になるために皆、日頃からトレーニングや練習に励んでいるのだが、その喜びを味わえるのは限られた選手だけ。プロになっても試合に出場できない人もいるし、出られても勝てないまま引退してしまう人もいる。

少し前の話だけど、2013年の男子ツアー最終戦『ゴルフ日本シリーズ・JTカップ』で、宮里優作選手が悲願の初優勝を遂げた。

彼は、妹である藍ちゃんのようにアマチュア時代に数々のビッグタイトルを獲得したものの、プロに転向した後は苦しんできた。プロとして十分通用する技術もあるし、いつかは勝つだろうと誰もが思っていたのだが、まさか初優勝まで10年もかかるとはね。誰も予想できなかった。

もともと素質のある選手が勝てないままでいたってことは、やはり何か足りないものがあったのだと思う。それは勝負強さかもしれないし、土壇場での気の弱さとか、ゲームの組み立てが下手だったとか、理由は色々と考えられる。いずれにせよ、彼はこれまで「勝利の女神」とでもいうか、目には見えない何かが背中を押してくれる瞬間を感じられなかったんだろうと思うね。

もっとも、おれ自身がプロテストに合格してから初優勝するまで7年もかかった。それは辛く長い時期だったが、結局のところ「おれはプロになったんだ」と、いい気になって遊んでいたのだ。

その頃は『関東プロ』の予選を通過しないと、次に続く『関東オープン』や『日本プロ』も出場できないという規則があった。

だから、『関東プロ』の予選に落っこちるとどうしてもやる気がなくなってしまう。そんな状態が3年間も続いて、「おれはゴルフで食べていけるんだろうか？」と本気で悩んだ時期もあった。

試合にすら出られない歯痒《はがゆ》さを感じながらの、先が見えない生活。次第にストレスが溜まって、練習もろくにしないで、ギャンブルや酒に溺れ、やがてトーナメントで優勝する夢さえ薄れていった。

そして、知らぬ間に20代後半に差しかかり、ゴルフをやめて、プロボウラーになろうと真剣に考えたこともある。いま振り返ると、自分の弱さを認め切れずに、マイナス思考の固まりだったのだ。

それが、である。１９６８年の『関東プロ』で初めて予選通過したら、「何だ、おれもやりゃあ、できるじゃないか」と、薄暗い心のモヤモヤがすっと明るくなった。ホント、たかが予選を通過しただけなのに面白いよな。まあ、おれは生まれ付き単純な性格なんだろう。

以来、「自分のやってきたことは間違っていなかったんだ」と、自信もついたし、自信がついたことでプラス思考にもなれたのだ。

自分の意志で進め

何かきっかけがあると、人は変われるものだ。初めて予選を通ったことで、それ以前より小さなミスを引きずらなくなり、「4日間の72ホールでミスがあるのは当然」と思えるようになった。過ぎた1打をくよくよするより先の1打を考えられるようになった。練習にも前向きな意識で打ち込めるようになった。それが、3年後の初優勝につながったのである。

一流選手と二流選手のちがいなんて、誰もはっきりとした答えは持っていないだろう。でも、一つ確実に言えるのは、大前提において「プラス思考でなければならない」ってことだ。

優作だってアマチュアの時はプラス思考だったはず。それがプロの世界に来ると、「これだけ練習したら勝てるだろう」「このスコアなら優勝だろう」と思っても、それ以上の力を持つ選手が大勢いた。優作だけじゃない。海外で活躍できていない選手も同じではないだろうか。日本ではそこそこ勝てたのに、海外では予選落ちが続くとかね。

それで「何とかアンダーパーを出さなきゃいけない」と焦りが出て、日々の練習でも「○○をしなきゃいけない」って考えてしまう。この「しなきゃいけない」という気持ちが、どんどんマイナス思考を呼ぶわけよ。

「優勝するためにもっと練習しなきゃ」と自分にプレッシャーをかけて頑張って、それでも勝てないと「おれは頑張れていないんだ」と更に深いマイナス思考に陥る。

すると今度は「スウィングを変えなきゃいけない」とか、「パッティングスタイルを改めなきゃいけない」というように、自分が自分の心に縛られてしまう。

やっぱり、何をやるにしても「これをするんだ」とか「これだけやるんだ」って時は自分の意志で進んでいかなきゃダメだ。「このスコアでも負けるのか」とか「これでもまだ何か足りないのか」と感じた時に、何がこの1日の、あるいは4日間のゴルフで足りなかったかを客観的に振り返って、「しなきゃ」ではなく「こういう練習をするんだ」ってプラス思考の気持ちで前に進むべきなんだ。

二流から一流の世界に進める瞬間は、ちょっとしたきっかけにある。そのきっかけさえ摑《つか》めれば、プラス思考になれる。

どんな世界でも同じだろう。マイナスの考えからは何も生まれないのだ。

Ⅱ　「超一流」への道

継続的に良い結果を出せるか

「一流と二流のちがい」について話してきたけれども、一流にも更に上があって、その頂点を世間では「超一流」と呼ぶ。

超一流企業、超一流ホテル、超一流レストランなど、何をもって「超」がつくのかは定かじゃない。

だが、ゴルフの世界では、おれよりも年上なら、アーノルド・パーマーを筆頭にゲーリー・プレーヤー、ジャック・ニクラスの3選手が挙げられる。それより少し若い世代だと、トム・ワトソンやグレッグ・ノーマン、タイガー・ウッズ、そしてフィル・ミケルソン選手らが「超一流選手」に当てはまるだろう。

もちろん、人によって評価は変わると思う。でも、彼らは間違いなく他の選手に比べて人気や実力の面で大きく他を圧倒している。特有のオーラがあるというのか、例えば、彼らがティグラウンドに姿を現しただけで雰囲気が一気に華やかになる。

コースに出てバーディを取れば大歓声が湧くし、ミスをすればどよめきと大きなため息が漏れてくる。それこそ、いつも大勢のギャラリーを引き連れていたパーマー選手は、その熱狂的なファンの様子がまるで軍隊の大行進のようだったので、〝アーニーズ・アーミー〟と呼ばれていたほどである。

彼らの凄いところは、何と言っても常に上位で戦っているということだ。優勝した翌週の試合で予選落ちするようじゃあ、所詮は一流止まり。勝った翌週の試合での予選通過など当たり前で、むしろ続けて優勝を争う実力を持っており、要は調子の良し悪しに関係なく、コンスタントに上位で争える体力や技術、精神力を備えているのだ。

ただし、そういう彼らも自分で自分を「超一流だ」などと言うことは決してない。実力で二流から一流になることはできても、一流と超一流との差というのは、実力だけでは埋まらず、周囲の評価も必要だからだ。

だからと言って、人から認められようとあれこれ考えて意識をすればするほど、自分を見失って結果を出せなくなる。

つまり、評価っていうのは結果だけじゃなく、自分がどれだけ一つのことに頑張って打ち込んでいるかでも決まるわけだ。

じゃあ、超一流と言われる人は、具体的に他の人と何が違うのか。

まず言えるのは、当たり前のことを当たり前に実行できる継続力じゃないかと思う。毎日のストレッチやトレーニングを欠かさないとか、必ず睡眠を8時間以上取るとか、ちょっとした取り組みを自然に続けられるかどうかだ。

「面倒くさいから今日はストレッチはやめよう」とか、「明日の朝は早いけど、もうちょっと遊びたいなあ」という具合に、安易に継続をあきらめてしまうと、プレーしている時でもどこかで同じような〝あきらめ癖〟が出てくるものだ。しかし、超一流と呼ばれる人は、それを負担と思わず淡々とこなしている。芯《しん》から強いのだ。

「感じる力」で高みに上がれ

一般企業でのビジネスの現場でも、日頃から継続的に準備ができている人は、どんな状況に直面しても慌てずに対応できる。だから結果を残せて評価も上がるんだと思う。

逆に、どこかで手を抜いてしまう人はいずれボロが出て、その結果としてどんどん期待されなくなっていく。かといって、与えられた仕事だけをしっかりとこなせば良いというものではない。スポーツでも仕事でも、少しでも「誰かにやらされている」という意識を持ったら、もう一歩先の高みには上れないのだ。

以前、対談をしたプロ野球選手の野村克也さんは、「上に行ける選手は考える力、感じる力を持っている」と言っていた。確かにそうだと思う。

技術にはいずれ限界がくるけれど、そこから先を埋めていく何かを見つければ、更なる上を目指すことはできる。つまり、目には見えない部分を自分でどれだけ見つけて、それを実践できるかなんだ。

そのためにはやっぱり、「今の自分がやるべきことは何か」とか、「自分の目指すべき場所はどこか」をしっかりと見定めている必要がある。明確なビジョンを持っていないと日々の準備すら無駄になり兼ねないからで、そう考えると進むべき道筋をしっかり作っていくことが、超一流へ進む第一歩だろう。

それともう一つ。試合中のプロゴルファーには、絶対に自分を卑下《ひげ》しないところがある。要は「おれがこれだけやってスコアが出ないんだから、他の選手はもっと出ないはず」という考えで戦っているのだ。

これは、おれが常日頃から言っている究極のプラス思考なんだけども、「ああ、この天候でこのコンディションだったら、多分おれはここでいいだろう」と予測を立てちゃうのである。変な話、「今日は73だけど、おれがこれだけ苦労しているんだから、他の奴らはそれ以上のスコアを出せるはずがない」と勝手に考える。仮に70とか自分よりも良いスコアを出している選手がいても、「まぐれだろう」と考えるのだ。

結局、常に上位で戦っている連中の余裕っていうのは、そういうことなんだ。相手が誰であろうと「自分の方が上手いんだ！」「負けるわけない！」っていう強い闘争心を持っているからこそ、いかなるピンチに直面しても動じなくなる。

どんな世界も「実力社会」である。

その中で常に上を目指して上り続けるには、日々の継続力と必要な道筋に沿った行動力が必要だ。

そして、最後にモノをいうのは、どんな場面でも「自分が一番」と思うことができる図太《ずぶと》い「プラス思考」なのだ。

Ⅲ　ムダな努力と正しい努力

好奇心が本当の努力を育てる

「青木プロはこれまで相当な努力をされてきたんでしょう」と、聞かれることがある。だけど、自分がどれだけの努力をしてきたのかは分からない。誰かと比べて「おれの方が打ち込んでいる」とか、「苦しい練習をこなした」と思ったこともなく、単に自分で課題を見つけて、それを乗り越えて来ただけだからだ。

一般的には「努力をすれば報われる」と、「努力＝苦労」みたいなイメージがあるけど、おれは少し違うと思っている。ジャック・ニクラスやタイガー・ウッズだって、恐らく努力を苦労とは思っていないだろう。傍目《はため》には努力のように見えるかもしれないが、彼らは純粋に「上手くなりたい」っていう意識が他人より強いから、どんなに過酷な練習でもその過程を楽しめるのだ。

逆に言えば、才能があっても課題を見つけられない選手は伸び悩む。皮肉なことにこういう場合は、「報われたい」と努力すればするほど無駄になる。だいたいそういう人は「おれは上手いんだ」と自分を買い被って向上心すら失って、シャボン玉が弾けるみたいにポシャンと消えてしまう。これまでそういう選手を何人か見てきたけれど、プロになって周囲に持て囃《はや》されているうちに勘違いしてしまったんだろう。

プロの世界で生き残っていく条件があるとしたら、「今よりもっと向上したい」という姿勢をどれだけ見せられるかだ。第一線で活躍する選手は好奇心も吸収力も強い。コース内ではもちろん、練習場でも他の選手に自分にプラスになると思うところがあれば、「何とかモノにしよう」とよく観察している。だからこそ、日々成長して〝ゴルフの幅〟、つまり、ショットのバリエーションなどが広がっていくわけよ。

そう考えると、試合会場には上達のヒントがそこいら中に転がっている。専属のレッスンプロなんか付けなくても、「吸収しよう」とする気持ちさえあれば、一流選手の練習方法やプレーから新しい課題を自分に取り入れることができる。大袈裟《おおげさ》かもしれないが、プロの世界は「盗んで盗まれ」「見つけて見つけられ」を繰り返しながら学んでいく。だから、プライドや見栄でせっかくのチャンスを逃すのはもったいないのだ。

おれもこれまで、多くの選手から学んできた。いつだったか、宮本留吉プロが若手に指導をしている場面に遭遇した。宮本さんは練習グリーンで、その若手からクラブを取り上げて「パターもアイアンのうちや」と、手首だけを使ってヘッドを上から下へ振り下ろした。

〝コツン〟と弾かれたボールは、強くも弱くもなく丁度良い転がりで見事にカップイン。「すげぇもんだなぁ」と見惚れながら宮本さんの足元を見ると、何とパターヘッドがグリーンに突き刺さっているではないか。

衝撃的だった。あれだけ強くヘッドをぶつけて、その距離なりのタッチを出していたからだ。「これが本当の転がりの良いパッティングなのか」と、改めてその凄さを実感して、おれも転がりの良い打ち方をマスターするまで練習を繰り返した。

課題を見つけて、日々自分を磨け

また、パンチショットの第一人者だった戸田藤一郎さんからも学ばせてもらった。戸田さんのショットは他の選手とは全く違って〝ドスン〟と地響きするような音が出ていて不思議だった。「どうやったら、あんな音が出るんだろうか」と、練習場でボールを打っている戸田さんの後ろに立って、1打1打をまばたきもせずに、インパクトでアイアンのヘッドがどう入っているのか観察した。

すると、何球か打った後に振り向いて、「わしのは見てもよう分からんぞ。真似だけはできるけどな」と声を掛けてくれた。その時は何を言っているか分からなかったが、「そうか！　見ても分からないから真似をしてみろってことか。要は身体で覚えろと言っているんだな」と解釈をした。それからは見様見真似で、同じ音が出るまでひたすら打ち込んだ。

こういうことを「努力」と言うなら、そうかもしれない。でも、おれからすれば、それは努力じゃなくて単なる好奇心なのだ。人の技を盗み、試みる。単純なことかもしれないけれど、そういう気持ちこそが自分を伸ばす。結局のところ、才能なんてものは、ちょっとした好奇心から開花するんじゃないかな。

サラリーマンや自営業者など、社会で働いている人にも同じことが言えるはずだ。

同業他社で売り上げが伸びているところがあれば自分と何が違うのか徹底的に調べ、そこから課題を見つけ出して自分流にアレンジをすれば更に売り上げは向上するだろう。諺《ことわざ》にも「玉琢《みが》かざれば器を成さず」とあるじゃない？　どんなに綺麗な宝石だって、磨かれてこそ光り輝くわけでしょ。それと同じでどんな分野であれ、活躍する人は誰かにやらされているのではなく、率先して常日頃から課題を見つけて自分に磨きをかけている。

以前、成田山にお参りに行った時に住職が「一生の計は今日にあり」と説いた。「一日一日を計画的にしっかり生きていくことが、その人の一生を作り上げる」という意味だそうだ。

この言葉を聞いて、「日々の小さな努力は絶対に嘘をつかないし、楽をしたらどこかでツケが回ってくるんだなぁ」と、ずっと思ってきたことが間違っていなかったと感じた。

本当の努力っていうのは周りからどう見られようが、脇目もふらず好奇心を持って自分の決めた課題を日々こなしていくことだ。

そうすればいずれ、結果はついてくる。

2 Hole

「体・技・心」を整える

I　生涯現役を貫きたい

心身のメンテナンス

自動車に例えると、おれはもうガタがきているクラシックカーみたいなもの。どっかがぶっ壊れれば、連鎖的に他の部分もおかしくなってくる。人間の身体にも消耗品みたいなところがあるので、こればかりはしょうがない。けれど、おれは欲張りだから大好きなゴルフをいつまでも続けていたい。

生涯現役を貫きたいのだ。ならば、変わらず努力するほかないのである。

武道やスポーツの世界では、よく「心・技・体」という言葉が使われる。精神力が「心」で、スキルや技術的な部分を「技」。

身体能力や体力そのものを「体」としているが、もしこの言葉が上から順番に重要なんだとしたら、おれの場合は「体・技・心」になる。何事も、まずは「体」ありき。体力がなけりゃ練習もできないし、技術も身につかない。強い精神力だって、健康な身体があってこそ支えられていると考えているからだ。

どんな人だって、「あれがやりたい」「これをやってみたい」と思っていても、体力がなければ行動には移せない。そして、年齢を重ねるにつれて大抵の人は「もう歳だから」なんて言い訳じみたことを口にしてあきらめてしまう。せっかくやる気があるのに行動できなくなってしまうのは、何とももったいない気がする。

だからおれは、常日頃から身体を動かしているのだ。

それこそ若い頃は、王（貞治）さんを始め、柴田勲さんや土井正三さん、末次利光さんといった巨人軍の選手たちと一緒に山道を駆け上がったり、急な石段をジャンプで上がったりと、敢えてきついトレーニングで筋力アップに取り組んだ。その努力がトーナメントでプレーしている最中に、「おれはあんな辛いトレーニングに耐えたんだ」と心の支えの一つになった。でも、70歳を超えた今ではトーナメントで戦えるだけの体力維持がメインになっている。クラシックカーにはクラシックカーなりのメンテナンス法があるのだ。

そんなわけで、定期的に鳥取市の『ワールドウィング』というトレーニング施設で身体のチューンナップを行っている。ここはメジャーリーガーのイチロー選手やボクシングの亀田興毅選手など、多くのアスリートが訪れる、知る人ぞ知る〝駆け込み寺〟的な場所だ。

おれは十数年ほど前に肩を故障した時、弟子の西川哲選手に「凄く良いから行かれたらどうですか」と、紹介されてから通い始めた。

ここでは重たいダンベルを使ったトレーニングや、大きな負荷をかけたマシンの運動はしない。筋肉と骨の間にある筋の部分の「神経系筋肉」（おれが勝手にそう呼んでいる）を指で押しながら、特別な器具を使って身体を動かす。これが痛いなんてもんじゃないんだ。もう、言葉に表現できないくらいの痛みで、最初は「ううっ！」と大声を上げて、思わずトレーナーを足で蹴っ飛ばしたぐらいだ。もう、額に脂汗を流しながら我慢するしかないよ。

身体からの信号

ところが、この神経を刺激する運動には、今まで培《つちか》ってきた感性を呼び戻す効果があるような気がするのである。眠っていた神経が目を覚ますというのかな。それだけに、1週間ぐらい経つと、身体の動きが良くなって、十分に走れるクラシックカーに変身できるのだ。だからおれは、どんなに痛くても東京から足を運ぶのである。

ただ、幾らやったところで老化を止めることはできない。哀しいかな、1歳年を取ればそれなりに体力も落ちていく。老化のスピードは人それぞれで、歳相応に老化が進む人がいれば、速かったり遅かったりもする。こればかりは自然の摂理でしょうがないが、おれは黙って老化が進むのを見ていられない。

持論だけども、毎日、自分の身体と向きあって、どこかしら動かしていれば老化のスピードは遅くできると思っている。どんな人でも肩が凝《こ》れば腕をグルグル回してみたり、両手を天井に押し上げてみたりするだろう。無意識の動作ってやつだけど、これが身体からの信号なわけ。

おれの場合、「そうか、こういう動きがしたいのか。よしよし、じゃあ、もうちょっと伸ばしてみるか」というふうに身体に問いかけながら、少し大げさに動かしてやる。これだけでも、やるのとやらないのではだいぶ違う。おれはこういった動きを「体」と「話す」という意味で「体話」と呼んでいる。

日頃からこの体話ができると病気にもかかりにくくなる。身体は素直なもので、どこかが危ないと察知したら、何らかの危険信号を出す。「首筋が寒い」とか、「関節に違和感がある」という具合にね。

普段からその予兆を見逃さず、信号を感じやすい身体にしていれば早めの対応ができる。お陰で、おれはここ何年も風邪をひいたことがない。

「身体が資本」というのは、どんな人にも当てはまる。

健康な身体であれば充実した日々を送ることができる。スポーツをするにせよ、普通の日常生活を送るにせよ、結局のところ人間の生きている証は身体だろう。どう考えたって、体力がなかったら何事もなすことはできないし、始まらない。

おれは1年でも、1日でも長くゴルフを続けたい。ゴルフを続けられる自分でありたい。あと何年続けられるかは分からないけれど、立ち止まってはいられない。目指すは「健康優良爺《じい》」だね。

Ⅱ　ケガの功名とライバルの存在

おれが試合を棄権するなんて

プロゴルファーになって50年。長年の疲労が溜まっていたのか、とうとう左膝がぶっ壊れた。

もともと、右膝の半月板水平断裂に加えて左膝もあまり良い状態じゃなく、月に1～2回は川崎市の日本鋼管病院で、整形外科の栗山節郎先生にヒアルロン酸注射をしてもらっていた。栗山先生は冬季オリンピックで日本スキーチームの専属ドクターも務められた方で、とても信頼を置いている。

その先生から、右膝は「いつかは切らなきゃいけなくなるよ」と言われていたのだけど、まさか左膝がぶっ壊れるとは思いもしなかった。

きっかけは本当に些細なことだった。これまでは痛いなら痛いなりに騙《だま》し騙しやってきた。だけど、プロスポーツ選手として一番やってはいけないケガをしてしまうとはね……。2014年は1月からトレーニングを重ねて、身体が順調に仕上がっていて、ゴルフも良くなるだろうと自分でも期するところがあった。シーズンが始まり、4月からシニアとレギュラー合わせて3試合に出場し、試合勘もだいぶ戻ってきていたのだ。

それが、である。5月に三重県で開催された『KYORAKU CUP』初日。スタート前に練習場へ向かう下り坂を歩いていると、ズリッと左足の踵が滑った。その時は痛みはほとんどなかったので気にもせずに練習を始めたが、ボールを打つにつれて次第に違和感が出てきた。終《しま》いにはスタンスを広げて打つと左膝に痛みが走る。

「おかしいなぁ。なんだか痛ぇぞ」

と、帯同キャディのカズ（村田一治）に言って、ひとまず痛み止めを飲んでティグラウンドに向かったのだが、もう遅かったようだ。

何とか1番と2番ホールをプレーしたのだけど、もう右足一本で打つのがやっと。膝に何かが引っかかったような状態で、足を地面に着けると痛くてどうしようもない。どうやっても、このままではプレーを続けられない。同伴競技者に事情を説明して、3番ホールへ行く前に棄権を決めてクラブハウスへ戻った。

プロとして、自ら試合を棄権するほど辛いものはない。自分自身もガックリするし、何よりスポンサーや応援してくれる人に申し訳ない。これればかりはどうにもできない事態だけど、ケガのないように注意するのはプロとして当然だ。関係者へのお詫びを済ませた後で栗山先生に連絡すると、すぐに検査してくれるというので急いでコースを後にした。

数時間後、パンパンに腫れ上がった膝を引きずって日本鋼管病院に行ってMRIなどの検査を済ませた。どうやら半月板の一部が欠けて組織が関節内に引っかかるなどして膝を自由に曲げられなくなる、いわゆる「ロッキング状態」にあったことが分かった。診断は「左膝内側半月板損傷」。きっと知らないうちに右膝を庇《かば》って、左膝を痛めていたんだろう。

先生の話だと、切る他ないという。

「青木さん、着替えはあるの?」

「試合からそのまま来たから、下着やら寝巻まで全部ありますよ」

「じゃあ明日、やっちゃおうか」

と話が進み、翌日に半月板の4分の1を切る内視鏡手術を行った。そしてプレーできるようになるまでには数カ月かかることが分かった。

直筆の手紙

ゴルフはよく〝メンタルのスポーツ〟と言われる。でも、おれは何度となく「体力あってのメンタルだ」と言ってきた。体力がないとメンタル的な部分も、それこそ技術も活かされない。だから、「心・技・体」じゃなくて「体・技・心」なんだとね。

これまで大きなケガもなく現役を続けてきたけれど、今回初めて手術をする状態になったことは、正直ショックだった。翌週にはおれが実行委員を務めている『ザ・レジェンド・チャリティプロアマトーナメント』の開催が控えていたし、2014年から実行委員の王（貞治）さんとテルちゃん（日野皓正）の3人で初日に始球式の後にラウンドするオナラリースターターを務める予定だったのだ。

関係者と色々と話し合ったが、やはりおれの代わりになる選手は日本ゴルフ界のレジェンドプレーヤーであるジャンボ（尾崎将司）以外には思いつかなかった。そこで、自分の想いを直筆で綴《つづ》った手紙を出したら「ＯＫ」の返事が返ってきたのである。

スポーツ選手にとって、ライバルの存在は不可欠だ。普段から強く意識することはないけれど、心のどこかでその存在を感じる瞬間がある。それは練習中だったり試合中だったりと様々だけど、おれにとってジャンボとはそういう存在である。

一般社会を見れば、ビジネスの世界でも、ライバル企業があるからこそ新製品の研究や開発に力を入れるなり、より良いサービスができるよう努力をするはずだ。

要は競い合うことでお互いが活性化されるからだけど、それと同じで彼の存在によって、おれもこれまで頑張ってこられた。おれたちの関係は一言では言い表せないところがあるんだけど、とにかくジャンボがおれの代わりを引き受けてくれたことは素直に嬉しかった。

「ケガの功名」という諺もある。今回はゴルフの神様が「そろそろちゃんと治せよ」って言ってくれたんだと思うし、改めてライバルとの信頼関係も築いてくれたんだと思う。どこまでできるかは分からないけど、とにかく回復という目標に向かって進んで行きたい。「体・技・心」の3つがうまく噛《か》み合えば、まだまだやってやれないことはない。

しばらくゴルフはお預け。じっと我慢の時だったね。

3 Hole 「身の立て方」を考える

I 悔いは残したくない

職業としてのゴルフ

プロゴルファーという職業は、「毎日、ゴルフできるなんて楽しいでしょう」とか、「世界中の名コースを回れるなんて羨ましいですね」と見られることも多い。

時には、ちょっと親しい人から「ゴルフをやってお金が貰えるなんて、ずるいですよ」と、冗談なんだか本気なんだか言われたりもする。「ずるい」と言われても、こっちは仕事だ。何だか理解に苦しむが、おそらく日本ではまだ、〝ゴルフは贅沢なスポーツ〟という認識が残っているのだろう。

また、サッカーや野球など、他のプロスポーツは体力勝負のアスリートというイメージが強いのに対し、ゴルフは走ったり飛び跳ねたりするような激しい運動はしない。それだけに、休日にお父さんたちがゴルフ場へ行くイメージをそのまま持たれているのかもしれない。でもね、そんなに甘くないのよ、この世界も。

おれがプロになった頃と今とでは少し違うようだが、プロゴルファーになるにはまずPGA（日本プロゴルフ協会）のテストに合格しなければならない。このテストを受けるのにも、「大学のゴルフ部に所属していた」とか「ゴルフ場で研修生をしている」というような条件があったのだけど、今は原則16歳以上の男性であれば誰でも受験できるように改正された。そして、最大4回にわたる実技テストを突破し、ルールやマナーなどの筆記テストに合格すればプロゴルファーとして認定される。

ただし、例外もある。アマチュア時にプロのトーナメントで優勝した石川遼選手や、松山英樹選手らは実技テストを免除になった。彼らはプロとしての技術は十分にあると判断できるので、テストを受けなくとも本人がプロ宣言した時点でプロゴルファーとして認められたのだ。

晴れてプロテストに合格してもすぐにトーナメントに出場できるわけではない。日本には約5000人のプロゴルファーがいるのだけれど、試合に参加するには更にツアーを管理するJGTO（日本ゴルフツアー機構）の予選を勝ち上がる必要がある。その中でツアーに参戦できる選手は２００人にも満たないというから、本当に狭き門なのである。

何とかツアーへ出場できるようになっても、トーナメントの賞金だけで生活していける選手はごく僅《わず》か。そりゃあ、優勝すれば数千万円もの大金がドカッと入ってくるが、それは百数十人の中の１人だけ。予選落ちすれば賞金はゼロ。交通費はもちろん、宿泊代、キャディ費などの経費を支払うと大赤字になる。

それだけじゃない。賞金ランキング60位以内のシード選手でも、経費や税金などを差し引くと年収は４００万円ぐらい。

一部の選手を除いて稼ぎの安定しない現実を考えると、華やかに映るプロの世界は、とても「毎日ゴルフできて楽しい」とは言っていられないのだ。

人の価値が決まるとき

それでも毎年多くの若者がプロゴルファーを目指してプロテストを受験し、「稼げないかもしれない」と分かっていてもツアーの予選会に挑戦する。自分の可能性を信じてリスクがあっても、ハイリターンを夢見て努力しているのだ。

時代劇『水戸黄門』の主題歌『あゝ人生に涙あり』の歌い出しは〝♪人生楽ありゃ苦もあるさ〜〟だけど、おれからすれば、楽がある前に必ず苦労があると思うんだ。最初に楽しちゃったら、後で苦労するのが嫌になっちゃうもの。「若いうちの苦労は買ってでもしろ」っていうじゃない。それと同じだ。

おれも22歳でプロになってから50年間ゴルフ一辺倒でやってきたが、最初は全く稼げなかった。

それでも、「クソー！ 今にみてろ」とばかりに努力を続けた。とにかく「負けてたまるか」「負けるもんか」という気持ちの方が強かったのだ。何より、せっかくプロになったのだから、悔いを残したくなかった。その考えは今も変わっていない。

カミさんは毎年のように「いつまでやるの？」と聞いてくる。「あと1年、あと1年だけ」と言い続けて、もう十数年が経つ。おれ自身、こんなに長く現役を続けているとは考えてもいなかった。何がおれをここまで動かしているのかは正直、よく分からない。でも、一つ言えるのはゴルフをできなくなった自分が想像できないってことだ。きっと、どこかケガをしたとしても「まだやれる」ってもがき続けるだろう。

とはいえ、いずれは引退を考えなければいけない時期は来る。

人間誰しも、思い通りに身体が動かなくなる時があるからね。

でも、できなくなった時に、自分のゴルフ人生を振り返って悔いだけは残したくない。

結果的に、「自分のやってきたことに満足できるのか、できないのか」「悔いを残さない努力をしたのか、しなかったのか」だろ？

だからおれは、「引退」とか「限界」とか、そういう考えは頭の中から取っ払って、常に努力をしていたい。〝その時期〟が来たら、それは来た時でいいや、と思っている。

先の『あゝ人生に涙あり』の歌詞の最後には〝♪なんにもしないで生きるより、何かを求めて生きようよ〟とある。

要するにどんな職業であれ、人生であれ、人の価値って自分が考えられる範囲や動ける範囲で、どれだけのことをなせるかなのだ。

Ⅱ　英語が苦手でもかまわない

わざわざ英語を覚えない

おれは英語が苦手だ。「世界のアオキ」なんて言われるけれど、まともに勉強したこともない。

これまでアメリカはもちろん、イギリスやオーストラリアなど世界各国、ゴルフ場さえあればどこへでも出かけて行った。「海外にはどんなコースがあるのだろう」「どんな選手がいるのだろう」と、ことゴルフに関して好奇心の強いおれは、出場の機会があれば飛行機で何時間かかろうが関係なかった。

言葉だって、「行ったら行ったで、何とかなるだろ」「何でもいいから喋りかけて、話しかけられたら分かったような顔してりゃいい」と思っていた。何より「ゴルフをやるために行くんだから」という意識が強過ぎて、わざわざ英語を覚えようとはしなかったのだ。

唯一の勉強らしいことと言ったら、現地で見るテレビだった。まあ、勉強なんて言えるのか分からないけど、アメリカだと昔から『ホイール・オブ・フォーチュン』もしくは『ジェパディ！』というクイズ系の番組を好んで見ていた。こういう番組は問題や答えが文字で表示されるから、英語の分かるカミさんに聞いて単語を覚えたわけ。そのお陰か、こんなおれでも向こうの選手とのコミュニケーションを取れていた。

ゴルフは個人競技だけど、一緒にプレーしている選手がいる以上、ある程度の会話は必要だ。一言も喋らずに「ムスッ」とプレーしていては、相手への存在感すら与えられない。

もちろん、真剣勝負のトーナメントだから常に話しかけているわけじゃあない。相手のリズムを崩さないよう、時には褒めたりアンラッキーを慰めたりもする。ゴルフ用語とちょっとした単語さえ知っていれば、後は身振り手振りのボディーランゲージで言いたいことは十分に伝わった。

例えば、ティショットを自分よりも飛ばされたら「オー!? ユー・ベリーストロング。ステーキ・エブリデイ？」と、腕に力こぶを作って見せてジョークを言ったり、パットを外せば「オー・マイ・ゴッド。ムーブ・カップ」と、カップが動いて入らなかったとばかりにおどける仕草をした。そんなこともあって、周囲は少しずつ「イサオは面白い奴だ」という印象を持ったようだ。

するとし、今度は相手の方から声をかけてくるようになる。試合が田舎町での開催だと、辺りにはレストランも少ないから、店内のテーブルの半分以上は選手や関係者ということも多い。だから、「ヘイ、イサオ」と皆が挨拶にやってくる。ホテルのロビーやエレベーターでも、顔を合わせれば「ユー、プレー・オッケー？」と言って握手を交わす。これが何十年も続いていたわけだから、自然と仲間意識が湧いてツアーの一員として認めてもらえた。

また、本格的に海外へ遠征し始めた頃、おれはカミさんと2人きりだった。毎週のように安いモーテルを探して、キャディも現地で手配した。いま思えば、それが良かったと思う。

ツアー事情に関して右も左も分からなかったカミさんは、他の選手の奥さんたちにあれこれと聞く。するとそのうちに仲良くなって、ディナーに誘われてきたり、安いホテルを教えてもらったりするようになった。時には「一緒の飛行機で移動しよう」と、スケジュールを合わせてもらったこともある。きっと皆に、「日本から来た2人を助けてあげなきゃ」って思われていたのだろう。本当に親切にしてもらった。

自分をさらけ出せ

中でもオーストラリア出身のグレッグ・ノーマン選手とは、かれこれ30年以上の付き合いになる。グレッグもアジアンツアーやヨーロピアンツアーなど世界中を飛び回る渡り鳥だったから、おれたちの気持ちを理解してくれたのだと思う。ずっと家族ぐるみの付き合いをさせてもらっていて、おれが「世界ゴルフ殿堂」入りを果たした時は、快くプレゼンターを引き受けてくれた。

グレッグのファミリーとは、プライベートでもよく一緒に過ごした。フロリダの彼の家でバーベキューをしたり、逆にうちのカミさんがすき焼きを作ったりね。そんな時も、おれはずっと片言の英語と身振り手振りだけで話していた。互いにパントマイムみたいなやり取りだけど、グレッグは周囲に「イサオの言っていることは分からないが、言いたいことは良く分かる」と話していたようだ。

そう考えると、海外に出て一番よくないのは恥ずかしがって、自分から話しかけないことだと思う。向こうは自己主張の国だから、「主張をしてナンボ」。とくにアメリカは色んな国の連中が集まっているから、自分の意見をしっかり話さないと、どんどん取り残されてしまう。

また、質問に対する答えは必ず「YES」か「NO」を求められる。日本人がよく使う「どちらでも」という曖昧な返事は通用しない。要は、「周りと同じ意見の方が印象が良いだろう」などと思っていたら全く相手にされないわけ。

自分の考えやこだわりなどを、多少なりとも大袈裟にさらけ出した方が「個性」と解されて人間性の評価が上がる。

最近はグローバル社会なんて言われているけれど、結局のところ、コミュニケーションは人と人の感性で行うもの。言葉を話せるかどうかは問題じゃなくて、自分の思ったことをしっかり伝えようとする熱意と気持ちが大切なんだ。

英語の発音とか文法とか、幾ら格好良くしゃべったところでネイティブの人には絶対に敵わない。

だったら、思い切って自分をさらけ出した方がよっぽど伝わるのだ。

Ⅲ　心を加齢させない

年齢を気にするな

２０１４年８月31日で72歳になった。ゴルフのスコアで言えば、＋−《プラスマイナス》０の〝パープレー〟である。

誰だって1年経てば、一つ歳を取っていく。分かってはいるけど、この年齢になると、「なった」というより「なってしまった」と言わざるを得ない。それだけに時が過ぎていくのがやたらと早く感じて、ついこの間シーズンが開幕したと思ったら、もう終盤戦を迎えている。大袈裟かもしれないけれど、３６５日がほんの数カ月のようだ。

プロゴルファーになって、ちょうど半世紀。若い頃は、まさかこんなに長く現役を続けるなんて想像すらしてなかった。がむしゃらに突っ走ってきた20代から30代は、常に優勝争いができるように練習に明け暮れたし、40代に入ってからは50歳になってもツアーを戦っていける肉体を保つため、必死でトレーニングに取り組んだ。

シニア入りしてからもそういう生活は何一つ変わらずゴルフだけに打ち込んでいたけ

ど、知らないうちに70歳を過ぎていた。だからおれは、72歳というのはあくまでも生きてきた年数を表す数字に過ぎず、人間そのものの「老い」を表すものではないと考えている。

そうでなきゃ、何十も年齢の離れた連中と同じフィールドで戦ってはいけないし、逆に余りに歳を気にしてしまうと、実際に肉体が年齢相応になってしまいそうで怖い。「高齢者」っていう言葉があって、世間的には自分がもうその歳なんだと意識すると気持ちが萎えてしまう気がする。

きっとおれと同じ世代の人も、いつの間にか年齢を重ねて周囲から年寄り扱いされることに戸惑っているんじゃないだろうか……。

認めたくはないけど、自分が歳相応になっているのは何となく感じている。たまにギャラリーからも「青木も歳には勝てないんだな」なんて声が聞こえてくるからね。でも、「うるせぇ」って気持ちは起こらない。

実際、年齢に勝つことは難しいだろうし、そう見られているのなら努力が足りないと思うからだ。だから、おれは年齢を気にしない。

ところが困ったことに、ゴルフには「エージシュート」というのがある。自分の年齢以下のスコアでホールアウトすることだけど、日本では大先輩の中村寅吉さんが66歳だった1981年に「65」で達成したのが最初だった。当時30代のおれは、「スゲェもんだなあ」って感心するばかりだったけど、還暦を過ぎた辺りから少しずつ意識するようになった。その後、練習ラウンドなどで何度も60台前半のスコアで達成していたので、いつか試合でもできると思っていた。

実際に達成したのは2007年、65歳の時だ。幸運にも公式戦の『日本シニアオープン』で、最終日にエージシュートを出した上に逆転優勝を果たした。あの時は本当に嬉しかったけど、それから『鬼ノ城シニアオープン』や『ザ・レジェンド・チャリティプロアマトーナメント』『富士フイルムシニア選手権』などでも達成していくうちに、何だか寂しく感じるようになってきた。

プロとしては贅沢な話かもしれないけど、普段は意識していない年齢をスコアと比較されているようで、「シニア用の特別賞」みたいな気がしてならないのである。

エージシュートへの期待

そもそもプロゴルファーである以上、常に1打でも少ないスコアを目指すのは当然だ。

それだけに「エージシュート！ エージシュート！」と期待されると、おれは優勝を目指しているのに、目標を勝手に決められているような気がしてしまう。

また、周りが煽《あお》るものだから、おれも「あと一つ縮めれば達成か」なんて意識するようになって、プレーのリズムまでおかしくなってくる。ご存知の通り、ゴルフはメンタルなスポーツだ。アマチュアの人もラウンド中にスコアを勘定し始めると、プレーがギクシャクしてくると思う。それと同じで、エージシュートのことが頭をよぎると無謀に攻めたり、逆に丁寧になり過ぎて守りに入ってしまったりと、知らない間に自分のペースが崩れてしまうのである。

２０１４年、鹿児島県指宿市の『いぶすきゴルフクラブ』で開催されたトーナメント最終戦『いわさき白露シニアゴルフトーナメント』でも、周囲の期待が手に取るように分かった。出場選手の中で、70歳以上はおれと謝（敏男）さんの2人だけ。取材を受けても、話題はどうしてもエージシュートになる。もちろん、期待には応えたい。だけど、プロゴルファーとしては、60台のスコアで達成しないと素直には喜べない。カッコ良いことを言うようだけど、それが本心なのだ。

カミさんからは、「いつまで試合を追いかけるの？」と毎年のように聞かれている。

「いつまで」と言われても、試合に出なくなった自分が全く想像できない。いや、もし、そうなったらすぐに〝コテン〟と逝っちゃうかもしれない。そりゃあ、いつかはクラブを握れなくなる時が来るだろう。だからこそ、その時に後悔することなく「おれはやり切った」と思えるよう、今やるべきことをしっかりこなしておきたいのだ。

「まだまだ若い」という自分の気持ちとは裏腹に、年齢だけが重なっていくのは仕方のないことだ。

でも、歳を取っていくのをジッと待ってもいられない。それは、終わりのない向上心が「心」の年齢を決めると思っているからだ。

この先、年齢が「オーバーパー」になっても、その気持ちは変わらないだろう。

4 Hole 負けないよ

I　平常心を保つ方法

イチローからのヒント

ゴルフトーナメントは、プレーしている時間が長い。

4日間かけて、トータル72ホールを回る。

でも、実際にボールを打つ作業は1ラウンドでわずか5分程度でしかない。それ以外は歩いているか、ラインを読んだりクラブを選んだりしている。

こうやって言葉で表してみると、他のスポーツに比べて、実に簡単な作業をしているように感じるかもしれない。だけども、常に平常心を保ってプレーするというのはとても難しいものなんだ。

ゴルフは〝失敗ありき〟のスポーツと言ってもいい。プロゴルファーですら、完璧なショットは1日数回ほどしか打てない。そしてボールの行方によって喜んだり怒ったり、興奮したり、逆に落ち着かされたりする。そういう様々な状況に応じて適切な判断を下し、小さなボールを直径108ミリのカップへ放り込むことだけに集中しなければならない。

だからこそ、その都度、感情を剝き出しにしていたら、到底良いスコアは望めないのである。

おれは他の選手に比べて、ショットに関する喜怒哀楽を表に出す方だ。でも、結果を素直に受け止めて気持ちを切り替えるのは早い。「コンチクショー！」って思っているのはせいぜい5秒ぐらいのことで、その後はもう次のショットのことを考えている。「なんで、あのクラブで打たなかったんだろうか」とか、「どうしてあそこを狙ったんだろう」と、自己嫌悪に陥って悪いイメージをズルズル引きずってしまう人も多い。だけど、ズルズルやって良いのは蕎麦を食べる時だけ。

おれはきっぱり忘れるタイプだ。

もちろん、ミスの反省はする。でも、打ってしまったものを「ああだ」「こうだ」と考えたって時間が戻ってくるわけじゃないし、長年の経験でその後の流れを悪くするだけだと分かっている。といっても、感情を意識的にコントロールするのはなかなかできるものじゃない。

それこそ若い頃はマナー違反と分かっていても、ミスをするとクラブを放り投げたり地面に叩きつけたり、瞬間的に身体が動いてしまうことが多々あった。それが30年、40年とゴルフを続けているうちに自分なりのコントロール方法が分かってきた。せっかくだから、おれ流の対処法をお伝えしよう。

まず、意識しているのは歩くペース。これは持論みたいなものだけど、呼吸が乱れると心も乱れる気がする。焦っている時ほど早歩きになったり、呼吸が浅くなるでしょ。すると脳に十分な酸素が行き届かないから、まともな判断ができなくなると思うわけ。そんなわけで、おれは1番ホールをスタートしてから歩くペースを一定に保ち、なるべく呼吸を乱さないよう心掛けている。

次に、打つまでの動きや手順（ルーティン）を変えないよう気をつけている。メジャーリーガーのイチロー選手なんかは、自身のルーティンを守っている典型的な選手の1人だ。彼は打席に立つと、右手でバットを立てながらピッチャー方向へ腕をピンと伸ばし、左手で肩の辺りのユニフォームの袖を摘み上げてから構えに入る。その動作は毎回同じテンポで行われていて、どんな場面でも焦りは全く感じられない。

体内時計を意識する

ユニフォームを摘むのは、テークバックをした時に身体が服に引っ張られる感覚が気になるんだろう。おれも時折、ウェアの肩口を摘み上げたりするから分かるんだ。もしかしたら、彼はおれの真似をしたのかもしれないな……。まあ、それはさておき、ゴルフも毎回同じようにルーティンができれば余計な力が抜けて集中力が増すと考えている。

これは打つ前の動きだから、誰でもできると思うかもしれない。だけど、ショットの度に同じテンポで行うのは簡単じゃない。

呼吸の乱れと同じで、切羽詰った場面になると知らないうちに動きが早くなって、ルーティンにズレが生じるからだ。

実際、おれも「今のショットはちょっと間が悪かったですね」などと、キャディに言われて気がつくことがある。自分ではいつも通りのテンポでやっているつもりでも、疲れが溜まっていたり、気温が低くて体中の筋肉が強《こわ》ばっていたり、或いは気分的な焦りに影響されたりと、何かの加減で早くなっていくものなのだ。

きっと、ある種の体内時計みたいなものなんだろう。その日の体調とか同伴者との波長だとか、コースに漂っている雰囲気などの影響で、知らない間にそれがセットされちゃうんだと思う。面白いもので調子の良い時は、その〝体内時計〟が自分のやりやすいテンポになり、自然とタイミングが取りやすくなっている。

ゴルフを始めたばかりの人は、クラブを持ってコースを走り回るだろうからルーティンを意識するのは難しいかもしれない。だけど、ある程度の経験がある人なら、ぜひ、打つまでの動きを同じテンポで身体に染み込ませて欲しい。練習場でただボールを打つんじゃなくて、1球1球を意識しながら自分なりのルーティンを行ってから打つようにするだけで、ショットの安定度が変わってくるはずだ。

これはゴルフじゃなくても言えること。人生において、初めから上手くいくようなことはほとんどない。様々な問題や困難は、好むと好まざるとにかかわらず自然と起こり得るわけで、それらを避けて通ることはできない。

だからこそ、何かトラブルに見舞われた時のために、平常心を保てる自分なりの方法を見つけておく必要があるのだ。

Ⅱ　迷ったら、我慢しろ

優れた判断力とは

「ゴルフの祭典」として世界的によく知られている『マスターズ』。世界中から〝マスター（達人）〟が招待されるこの大会には他の試合にはない独特の雰囲気が漂っている。完璧に整備された『オーガスタ・ナショナル・ゴルフクラブ』（ジョージア州）というコースの美しさは、選手だけでなく観客をも魅了し、会場は不思議な空気で常に満たされている。

2014年はタイガー・ウッズ選手の欠場やフィル・ミケルソン選手の予選落ちなどがあって、今ひとつ盛り上がりに欠ける印象だったが、決勝ラウンドに入ると弱冠20歳のジョーダン・スピース選手が史上最年少での優勝を目指して最後まで大会を盛り上げた。そんな中、着実にスコアを伸ばしたレフティー（左利き）のバッバ・ワトソン選手が、2位に3ストローク差で2年ぶり2度目の優勝を果たしたのである。

ワトソン選手は米ツアーでも屈指の飛ばし屋として知られ、ダイナミックなスウィングから放たれるドライバーショットは優に300ヤードを超える。それだけに飛距離ばかりが注目されるのだが、彼は小技も上手いし、何よりコースマネジメントに優れていると感じた。

とくに開催地の『オーガスタ』は、攻めと守りが嚙み合わないと良いスコアは出せない。プレーヤーの欲を誘う究極のセッティングが施されており、〝ここに落とせば寄りますよ。でも失敗すると大ケガしますよ〟とばかりに、各ホールの囁きが聞こえてくるのだ。

プレーヤーからすると、バーディルートがはっきり示されているのでつい攻めたくなる。しかし、その場の状況や流れを読んで的確な判断をしないと簡単にボギーやダブルボギーになりかねない。だから、「ここはパーで十分。グリーンの左サイドを狙おう」とか、「あのピンポジションならデッドに狙っていけるな」などと直感的にベストルートを探せる人が強い。

他のスポーツはもちろん、ビジネスの世界でも必ず〝攻めるべきか、守るべきか〟という判断を迫られる場面があると思う。どちらを選択するかは、その人の実力や経験によっても変わってくるだろう。だけど、チャンスを活かせる人は、やはり判断力に優れているのではないか。

〝閃《ひらめ》き〟と言ってしまえばそれまでだけど、ゴルフでは好調か不調かで判断に差が生じる。好調時は感性と感情が健全に働くからか、プレーに良い影響をもたらす直感めいたものが頭に浮かぶ。グリーンを狙うショットでも、スライスで攻めるかフックで攻めるか、あるいは高い球で乗せるか、低い球で転がして上げるか……。あれこれ悩まなくても、その場の状況を一瞬のうちにひとまとめにした良い考えが瞬間的に閃く。

逆に調子の悪い時は、「前のホールはスライスで失敗したから今度はフックで攻めよう」などと判断しても、それが裏目に出てしまってミスがミスを呼ぶことになる。

チャンスを活かすには

じゃあ、どうすれば正しい判断ができるのか。正しい答えなんてないと思うけど、経験から言えば、判断に迷ったり良い閃きがない時は、焦らずにチャンスを待つことだと思う。

つまり、自分の技量を超えた無茶なショットをすればするほど、自身のショットに関する感性は消えてしまうし、焦りが出れば出るほどその時の感情をコントロールするのは難しくなってくる。もがき苦しんでいる時に自分の技量以上のことを望んでも、決して良い方向へは向かわないと思うし、焦って判断しても良い結果につながることは少ないはずだ。

その点、ワトソン選手はそこが上手く噛み合い、とくに最終日は焦らずにチャンスをうかがって攻めるべきところだけを攻めていた。前半を3アンダーでまとめ、後半に入ってすぐの10番こそボギーとしたものの、その後は無茶をせずにじっと耐えた。

圧巻だったのは510ヤードの13番パー5である。おれがプレーしていた頃はグリーンまで残り210ヤードから220ヤードぐらいのところにティショットを打つと、〝パトロン〟と呼ばれるギャラリーが〝2オンを狙え！〟とばかりに囃し立ててきた。

グリーン前には小川があり、バフィー（4番ウッド）やクリーク（5番ウッド）で打つとボールがその手前では止まらない。

だけど、アイアンを持つと小川の手前に刻むのだと思われてブーイングを受ける。それで一応はウッドを手にして素振りをする。すると大声援が湧くので調子に乗って小川越えを狙ってそのまま打ってしまう。結果は〝頭を冷やしてきなさい〟とばかりにチャポンとなる。

お陰でおれは14回出場して7回しか予選を通過していないばかりか、ベスト10フィニッシュもない。それがだよ、ワトソン選手はドライバーを360ヤード以上もかっ飛ばして2打目をサンドウェッジで打ち、楽々グリーンに2オンさせていた。過去にこんな選手がいただろうか。とにかく彼はコースマネジメントもさることながら、自分の長所を十分理解している。

チャンスを活かせる人ってさ、我慢する時は徹底して堪えて〝ここぞ！〟って時に攻める。そういう判断とは、自分の能力を過信することなく前へと突き進める〝真っ直ぐさ〟だ。

どんな時でも自分の長所を活かす判断力を持つことが、勝負の世界では大切なのだ。

Ⅲ「負けてたまるか」という一念

「もっと強くなってやる」

おれは「超」が付くほどの負けず嫌いだ。

きっと、おれを知る誰もがそう思っているに違いない。幼い頃から負けん気が強くて、遊びの相撲も勝つまでやったし、駆けっこでも1等賞を取れないと人一倍悔しがる性格だった。

いつだったか、子どもの頃に親父がチョコレートを1枚持って帰って来て、「イサオにもやれよ」と、3つ上の兄貴にポンと投げたことがあった。1枚が12個に区切ってあるチョコレートだったから半分とは言わないまでも、せめて3欠けぐらいは貰えると思っていたら、なんと兄貴は1欠けしかくれなかった。

腹が立って、「もっとくれよ！」とそのチョコレートをふんだくり、その場で何口か食べた。そしたら兄貴も「コノヤロー！」と掛かってきて揉《も》み合いの大喧嘩になった。さすがに兄貴には敵わなかったけれど、後でグチャグチャになったチョコレートを見たら、もう悔しくて悔しくてしょうがなかった。食い物の恨みは恐ろしいってよく言うけど、それっきり兄貴には何かを「くれ」って言わなくなったし、逆に欲しいと言われても絶対にあげなかった。

小学校5～6年生の頃はガキ大将そのもので、仲間がよその学校の生徒にやられたら「誰にやられた？　よし、じゃあ、おれが1週間以内にそいつをぶん殴ってやるから」と必ず仕返しに行った。当時はやられたらやり返すっていうのが当たり前だったのだ。逆に喧嘩に負けて帰ろうものなら、今度は親父にぶん殴られた。「何でおれがまた親父に殴られなきゃいけねえんだ」と悔しくて泣きながらも、心の中では「もっと強くなってやる」という気持ちで歯を食いしばったものだ。

でも、この負けん気がゴルフに活かされたと思う。中学校を卒業して最初に勤めた東京都足立区の『東京都民ゴルフ場』では、松井功（元日本プロゴルフ協会会長）とよく朝飯を賭けてプレーをしたのだけど、そのせいか、お互いに「もっと上手くなって、あいつを負かしてやる」という思いで必死に練習することができた。たかが朝飯と思われるかもしれないけれど、おれは何を賭けても勝負には負けたくなかった。単純だけど、そういう気持ちが強かったからこそ上達につながったのだ。

地元の千葉県我孫子市にある『我孫子ゴルフ倶楽部』に戻ってからもそんな調子だった。

当時、プロゴルファーを目指すキャディ仲間は30人ほどいたので、よく彼らとお客さんがいないない、空いている時間に小銭を賭けてパター合戦をやった。お金のないやつは生卵を賭けたりもしていたが、とにかく先に入れたやつが総取りできるルールなので皆が顔つきを変えて腕を競った。

ただ、「一発でカップに放り込めば勝てる」という思いからか、ほとんどはいざ打つ時になると緊張で手が動かなくなってショートしていた。そんな状況でもおれの負けん気はボールにも伝わって、カップの縁で飛び跳ねるほどの勢いで入ったものだ。

負けじ魂

その後、プロになってジャンボ（尾崎将司）がデビューしてからは、「負けるもんか」という闘志を燃やした。2人で競った試合で彼が優勝したら、口では一応、「おめでとう」と言って握手はするけれど、その時も無意識に力が入ってジャンボの手を「ギューッ」と強く握り締めた。

それこそ、米ツアーで「帝王」と呼ばれたジャック・ニクラスが頭角を現してきた時も、頭の中では「何が帝王だ。相手は同じ人間だし、ゴルフをやる分には誰でも一緒じゃないか」という気持ちでプレーしていた。変な話、戦う前から物怖じなんかしていたら、直立不動で「あの人には絶対勝てません」って言っているようなもの。闘争心とでも言うのかな、とにかくそれぐらいおれは負けん気が強かったのである。

そう考えると、最近のプロゴルファーは選手同士のライバル意識も減り、大人しくなったと感じる。いや、ゴルフに限らず他のスポーツ選手のインタビューを聞いていても、彼らの口から勝ち負けにこだわった言葉を聞かなくなった。

優勝できずに2位や3位になった時でも、「楽しめました」とか、「充実した試合でした」というようなコメントをしている。

普通、負けたら悔しくてしょうがないはずなのに、どうしてそんな言葉が出るのだろう。おれには全く理解できない。思わずこっちが「何だ、お前。負けて悔しくないのか。ふざけんな、バカヤロー！」なんて怒鳴ってしまう。

今の男子は〝草食系〟とか言われてるけど、まったくもってよく分からない。きっとハングリー精神を抑えて、自分の気持ちを控えめに出してええ格好しているだけだね。

そもそも、負けて「楽しめた」と言えるぐらいなら勝負を争うスポーツをやることはない。少なくともおれは勝ちたいがためにやっているわけで、負けたら「こん畜生！」というふうになって、周りから「青木さん、そこまでやるの？」と言われちゃうぐらい、自分の気性を隠すことなくそのまま表に出してきた。

いずれにせよ、何としてでも成し遂げようとする〝負けじ魂〟を心の中に持っていないと、何をやっても続かないと思うし、そうじゃなきゃ負けることに慣れてしまって最初から白旗を揚げるようになる。

おれは、今でも「負けるもんか」という気持ちでゴルフをやっている。

勝負の世界で生きている以上、こればかりは一生なくなることはないだろう。

5 Hole 強くなる

I　好奇心とヤル気は理屈を超える

まず好きになること

東京・世田谷にある自宅の前には桜並木が続いていて、毎年、春になるとリビングから見事な美しい景色を眺めることができる。

十数年前だったかな、「桜を見に来ないかい」と、何人か気心の知れた友人へ声を掛けた。それがいつの間にやら大勢が集まるようになって、今では我が家の恒例行事になった。

そのお花見パーティを開いたのだけど、2014年は開花が早くて満開の時期を少し過ぎてしまって、ところどころが葉桜という状態だった。でもね、花見と言っても桜を眺めるのは最初だけで、後は久しぶりに会った友人同士で「ああだ」「こうだ」と話をしながら飲んだくれるわけ。だから、花が咲いているかいないかは、それほど重要じゃないんだ。

それにしても、植物は陽の当たる場所とそうでない場所とで成長のスピードが違うから面白い。我が家から見える桜も、しっかり咲いている部分もあればすでに散ってしまったところもある。まるで、日向で咲いているのは〝寒くても元気良く外に飛び出すやんちゃ坊主〟で、日陰にいるのは〝暖かくなるのをジッと待っている寒がり屋さん〟のようだ。

長年ゴルフをやっていると、ゴルフ場の植物の成長をあれこれ想像するのも楽しみの一つになる。

「グリーン周りに高い木がなくて育ちの良い（日当たりが良い場所の）芝だから、午後からグリーンが遅くなるな」とか、「あの木は左へ傾いているな。きっと風にいじめられて、そっぽ向いているんだろう。ここは風に気をつけよう」なんて考えながらのラウンドは心にゆとりが出てくるし、コースに愛着も湧く。

何よりミスをした時に自然の中でプレーしている自分自身に目を向けることができると、そのミスをちっぽけなことに感じて前向きになれるのだ。

まあ、そうやって植物の成長に想いを致していくのも楽しいけれど、人間の子どもの成長を感じた時は言葉にできない大きな喜びを感じる。

これもまた恒例なんだけど、お花見パーティの数日前に『青木功ジュニアクラブ』の春キャンプを行った。

これは1997年に「多くの子どもにゴルフというスポーツを知って欲しい」という思いから始まったもので、例年、様々な場所でレッスン会やキャンプを開いている。

このクラブの教え子にはプロになった子もいるが、おれは別にプロゴルファーを育てたいわけじゃない。

もちろん、上手くなって欲しいとは思う。だけど、まずはゴルフを好きになってもらって、家族や同級生に「ゴルフって面白いよ」っていうふうにどんどん輪を広げて欲しいし、ゴルフを通して日常的な礼儀作法も身につけて欲しいと思っている。そんなわけで、この年は全国から8歳から16歳までの23人が茨城県の『ザ・ロイヤルオーシャン』に集まった。

クラブハウスに子ども達を集めると、最初におれが挨拶をする。だけど、最初の返事はだいたい元気のない声だ。それで「何だよ、声が小さいな。もう一度！」と言うと、やっと大きな声が返ってくる。初めて参加する子もいるから、恥ずかしい気持ちもあるのかもしれない。だけど、しっかり挨拶くらいできないと子ども同士でも気持ちは伝わらないと思う。やっぱり子どもは元気良く、大きな声で挨拶できなきゃね。

押し付けをしない

第一、挨拶ってさ、先に言った方が得なんだよ。相手が知っている人でもそうでない人でも、まず「おはようございます」「こんにちは」って言っちゃえば悪い印象は与えないもの。ただ、最近の若い子は「おはよっす！」「うーっす！」なんて省略して言うから困る。幾ら元気が良くてもそういう言い方をされると相手を偉そうに感じてしまって〝カチン〟とくる。

挨拶は相手の目を見て、きちんとした言葉で言わなければ気持ちは伝わらないと思う。

さて、キャンプは翌日から朝6時に起床し、トレーニングやストレッチ指導の後、朝食をとってレッスンに入る。基本的に1人ひとりをしっかり見てあげたいから、それぞれ順番に声を掛けていく。中には去年も参加した子がいて、だいぶ背が伸びていたり、飛距離が20ヤードも伸びていると、それに驚かされる一方で何だか嬉しい気持ちになる。

彼らにレッスンをする時に気をつけているのは、「こうしなさい」と言い切らないことだ。強制するようにおれのスタイルを押し付けたら、教わっている方は何の面白さも感じないだろうし、ゴルフ自体がつまらないスポーツになってしまう気がするからだ。だからおれは会話をしながら、その子に適したアドバイスをするよういつも心掛けている。

「良いかい？　ボールはクラブが当たるまでしっかり見るんだぞ。飛んで行くボールが気になるのは分かるけど、打った後でも十分に見えるから焦らなくても大丈夫だよ」

そう言って、ヘッドアップしないよう頭の上にクラブをポンと置いて打たせるとボールだけに集中する。

ゴルフを「型」で教える人は色んな修正ポイントを理論付けて説明するけど、それでは逆に相手を困らせるだろう。ましてや子どもたちに難しい理論を説明しても、身体で覚えられなければ全く意味はないと思う。

極端な話、ゴルフレッスンは理論を教えるのではなく、いかに身体で覚えるヒントを与えられるか、なのだ。そう考えると、他人に何かを教える時は理屈の前に好奇心を持たせて、本人をヤル気にさせることがスタートラインだと思うね。

Ⅱ　プレッシャーを恐れず、慣れよ

自分で自分を縛らない

以前、どこかの高校で講演を行った時、「青木プロはプレッシャーをどうやって克服しているんですか」という質問を受けた。確か運動部に所属している女子生徒で、いつも試合で緊張してしまうという。

そこで、おれは彼女に聞き返した。

「あなたは誰かに負けたくないと思ってプレッシャーを感じているの？　それとも、周りに見られるのがプレッシャーなの？」

「両方です……」

「それじゃあ、身体が動かなくなるのは当然だよ。スポーツをやっているなら、どんな時も『自分が一番上手いんだ』って思わないと。いいかい、結果はあくまで結果なんだ。そこに最初からプレッシャーをかけちゃったら、自分で自分を縛っちゃうわけ。これまで練習を一生懸命頑張ってきたなら、周りからどう見られたって相手に向かっていかないとね」

じっと耳を傾ける彼女に、おれはさらに話を続けた。

「そりゃあ、結果的には負けるかもしれないよ。でも、ばんたび負けることなんてないから。10回やって1回でも勝ったらプレッシャーが10分の1減るでしょ。そう思って壁にぶつかっていかなきゃ。つまりね、プレッシャーを避けていたら成長できないんだ。ぶつかっていくうちに慣れちゃうから、自信を持ってやってごらん」

彼女がどこまで理解してくれたかは分からない。だけど、次第に表情が明るくなっていくのは見て取れた。

プレッシャーというのはマイナス思考から生まれる。

多くの人が「負けたらどうしよう」とか、「失敗したくない」という、まだ結果の出ていない先のことに対して自分自身を追い込んでいる。そこに第三者の評価が気になって、さらに拍車がかかる。

こうなると、どんなに素質のある人でも良い結果には結び付かない。先の高校生にも説明したが、あくまで「結果は結果」と切り離してあきらめず何度もぶつかっていけば、いずれは感じなくなるものだ。

ただ、逆に結果を出していくと、それはそれで違ったプレッシャーがかかってくる。おれは初優勝するまでプレッシャーなんて何も感じなかったけど、1勝、2勝と勝ちを重ねていくうちに経験したことのない重圧感を味わった。期待されるということは、自分に注目する人が増えるということ。100人ギャラリーがいれば200個の〝目〟があるわけで、知らないうちに「期待通りの良いショットを打たなければ」っていう気持ちにならざるを得ないのだ。

だから、成功すれば「どうだ！　見たか！」って気持ちになるんだけど、失敗すればいつも以上にガックリくる。ギャラリーが多ければ、「あぁ～あ」というため息も大きく聞こえてくるので、さほどのミスじゃなくても大失敗したような気分にさせられる。こういうギャラリーの〝煽り〟に慣れるまでには、だいたい5勝するまでの時間が必要だった。

でもね、面白いものでこれに慣れてくると、逆に誰かに見てもらってないとモチベーションが上がらないようになる。ギャラリーの少ない午前中は静かにプレーしているんだけど、午後になると徐々に視線が増えてくるので、「よーっし、見てろよ！」とばかりにピンを攻めたものだ。

全ては「成長の過程」である

まあ、持ち上げられると、とことん行ってしまうところがあるのだろう。そう考えるとおれはプレッシャー自体を受け入れちゃう性格なんだと思う。自分の経験のないことはプレッシャーであれ何であれ、全て経験してみたいのだ。過去にも大小様々な壁にぶつかったけど、避けて通るよりもむしろ、それにトライしなければ気が済まない。だからおれは、プレッシャーや壁に対しては自らぶつかっていくようになった。

一般社会でもプレッシャーから逃れられない時はあるだろう。上司からの無茶な指示や何かの業績に関してもそうだし、家庭内だって例外ではない。

現代は「ストレス社会」と言われて久しいけど、何事も考え方ひとつで変わっていくと思う。

逆説と言うか何と言うのか、全てを「成長の過程」と捉えられれば悩むことはないと思う。ゴルフは1打1打が結果につながる。そういう世界で50年も飯を食っているうちに、「プレッシャーが自分を強くしてくれる」と思えるようになった。逆に言えば、ノープレッシャーでプレーしていても得るものは少ないわけ。

例えば、同じ2メートルのパットでも、〝これで勝負が決まる〟という状況なら「入れたい」「勝ちたい」というプレッシャーがかかる。だからこそ、入った時は自信につながるし、仮に失敗しても、それはゴルフの神様に「もっと練習してこい」と言われたんだと思えば何てことはない。

これがだよ、同じ難度のパットが何の緊張感もない状況で入っても、或いは外したとしても、「あ、入っちゃった」「外しちゃった〜」ってなるだけで、1打の重みもへったくれもない。だから、練習でもある程度は自分でプレッシャーをかけていかないと実戦には活かされないのだ。

結局のところ、プレッシャーは痛くも怖くもない。失敗を恐れるから「克服したい」とか「強くなりたい」と思っちゃうんだろうけど、「自分を強くする過程」と思えば楽しめるはず。

どんな世界でも、最初からプレッシャーに強い人はいない。要は、慣れちゃったもん勝ちなんだな。

Ⅲ 「地球の呼吸」を受け入れる

自然と折り合いながら闘う

風はやっかい者だ。いつも一定のテンポで吹いてはくれず、強く吹いたと思ったら、次の瞬間にはパッタリ止まったり、いきなり吹く方向が変わったりと、とにかく忙しい。ショットの後に吹く風は大きなミスにもつながるので、動くことのないバンカーや池に比べると、ゴルフにおける最大の障害物とも言える。

そんな風を、おれは「地球の呼吸」と言っている。突風は人間でいうクシャミで、穏やかな時は睡眠中の寝息。そうやって「地球も呼吸しているんだ」と感じられれば、少しは風のイタズラも許せるようになる。

しょせん、人間は自然にかないっこない。だったら最初から自然に合わせた方が、「地球の呼吸」にも逆らわずに済む。逆に自分のプレースタイルを押し通してしまうと、ミスが出た時など「フォローだったら……」とか「あの風がなければ」というように言い訳が増えてくるのだ。

おれは、この「たら」「れば」が嫌いだ。どんなスポーツにせよ、プロであればコンディションを言い訳にしてはならないと思うし、言葉にすることは他の選手に自分の弱みをさらけ出しているのと同じである。

幾ら天候が悪くても、プレーヤーはその環境を受け入れなければいけない。自分で言うのもなんだけど、おれは天候が悪くなればなるほどワクワクしてくる。全く風もないピーカンな天気だと、どうしてもゴルフが淡白になる。雨が降ったり風が吹くと、色んな技術を使って攻められるからヤル気が湧いてくる。

昔からコースで雨が降ってきたら、「これでおれのものだ！」と思ったし、強い風が吹き出せば「他の選手はスコアを伸ばせないだろう」とチャンスと捉えて、ひたすら自然と折り合いをつけるゴルフに徹した。

言うなれば、そうやって一つ一つ、自然から技術を学んできたともいえる。

２０１４年、解説の仕事のために『全英オープン』が開催された、イングランド北西部にある『ロイヤルリバプール・ゴルフクラブ』を訪れた。

出場選手は、この土地特有のめまぐるしく変化する風や天候に軒並み苦戦を強いられていた。

というのも、他の試合なら1番と10番の2ホールからスタートする2ウェイ方式だが、基本的に『全英オープン』は全ての選手が1番ホールからスタートする1ウェイ方式を取っている。そのため予選ラウンドは、1組目のスタート時間が午前6時25分だったのに対し、最終組は午後4時を回ってからだった。スタート時間に10時間もの差があるので、天候が変わるのは当たり前。それでも、ここに出場する選手たちは、そういう状況でもしっかりスコアメイクする技術を持っているのだ。

刻々と変化する天候の中で最善のイメージを描き、「風にぶつけて攻めるか」「風に運ばせるのか」、或いは「転がすか、上げるか」といった判断を下しつつ、ボールのライやピン位置、自分の精神状態など、様々な要素を瞬時にまとめ上げてイメージを膨らませ、それをショットに反映させるのである。

これらは経験こそが成せる、ひとつの〝技〟でもある。

日本人選手が苦労するワケ

それこそ『全英オープン』が開催されるリンクススタイルのコースというのは、風を遮る木々が少ない上にフェアウェイのアンジュレーションが強いので、ショットの引き出しをどれだけ持っているかで攻めの範囲が決まってくる。アマチュアの方などリンクスでプレーした経験のない人は、どう打っていいのかイメージすら浮かばなくなってしまうだろう。

人間は過去に経験していない状況に直面すると、対処方法が分からなくなってパニックに陥るという。でも、経験豊富なプロや上級者はラウンド中のあらゆる状況に最善と思われる対処をする技術を身につけている。それらは失敗から覚えることもあるし、他の選手の打ち方を参考にして身につける場合もある。いずれにせよ、過去の実戦の場で吸収してきたものが、その選手の技の引き出しを広げていくのである。

さて、この時、日本から出場したのは松山英樹、石川遼、小田孔明、宮里優作、岩田寛、塚田好宣、小林正則、近藤共弘の8選手だった。それぞれしっかり準備してきたと思うけど、やはり変化する天候や起伏が激しくターフが取れないほど硬いフェアウェイ、入ったら出すのが精一杯というアゴの深いポットバンカーなど、日本のコースと大きく異なるセッティングに苦労を強いられていた。

中でも15番のパー3はコースの折り返し地点にあって、ここから風向きが変わるというホールだった。そのため、常にティグラウンドとグリーン周りの風が変化するので、距離は160ヤードそこそこなのにスコアを崩す選手が続出した。

だが、通算17アンダーで優勝した北アイルランド出身のロリー・マキロイ選手は、コースの様々な状況に応じて球筋を変えるなどしてチャンスを作っていた。どれだけ風が吹こうとも、状況に応じて低い球を打ったり転がしで寄せたりと、リンクスコースの攻め方を熟知していた。

一方、日本選手で予選を通過したのは松山と小田の2人だけ。他はタフな環境の中でチャンスが来るまで我慢できても、なかなかバーディが取れないことから焦りが見えていた。こういうコンディションの中では、格好にこだわらず泥臭いゴルフをしなければいけないが、自然に逆らって勝負をかけていたようにも見えた。

まあ、この経験を活かすも殺すもプレーした本人たちである。何かを感じ取って、次に活かして欲しいね。

6 Hole 現場で学んだ秘策

I 世界一の試合を制した現場力

本田宗一郎さんの現場主義

2014年、テレビ解説の仕事で『全米オープン』の舞台、ノースカロライナ州の『パインハースト・リゾート』を訪れた。

膝のケガを考えると無理に現地まで行くこともなかったのだけど、おれは根っからの現場主義だ。解説するにしても、現場の空気を肌で感じて直感的に状況をお伝えしたかった。

若い頃は自分のゲームをするのに精一杯で気付かなかったのだが、経験を積むに従って、それぞれの試合が醸《かも》し出す特有の雰囲気を肌で感じるようになった。コースの状態や周囲の自然環境、出場選手のレベルやギャラリーの数など、本当に様々なものが混然一体となって、会場や試合の雰囲気を醸し出している。これらは現地に行かないと感じ取れない。

最近は、莫大なデータを元にコースや選手を色んな角度から分析できるようになった。だが、ゴルフは自然の中で行うゲームである。所詮、データなんてものは机上の空論に過ぎないし、第一、人間は機械じゃない。風が吹いたら吹いたなりのスウィングがあるし、体調もメンタルも毎日変わる。だからこそ、おれは現場にこだわるのだ。

いつだったか、ホンダの創業者である本田宗一郎さんとプレーした時に、あの方も同じ現場主義だと感じた。ラウンド中、バンカーやラフにボールが入ると「こんな時はどうやって打つんだい？」「このライだとどうするの？」と、状況に応じた質問を次々受けた。

おれがアドバイスをすると、本田さんはそれを自分なりにアレンジしながら吸収していくという器用さを持っていた。

さすが裸一貫であそこまで大きな会社に成長させた人である。恐らく、ゴルフを理論尽くめのセオリー通りのレッスンで覚えたんじゃなくて、〝現場〟への対応力で身につけてこられたのだと思った。

さて、開催コースである『パインハースト・リゾート』は全米でも人気のリゾート地として知られ、敷地内には「ナンバー1」から「ナンバー8」までの8コース、計144ホールものチャンピオンコースを持つ。

中でも「ナンバー2」は名匠と知られるドナルド・ロス氏の設計で、『全米プロ』を始め『ライダーカップ』の舞台となり、1999年と2005年に『全米オープン』が開催された。おれが最後にここでプレーしたのは1994年の『全米シニアオープン』だったが、当時と比べてセッティングがガラッと変わっており、少なからず驚かされた。

まず、深いラフがなくなって、「ナチュラルエリア」と呼ばれる砂地や荒れ地が作られていた。フェアウェイは広がったのだが、逆にそこを外すとどんなライが待ち受けているかは分からない。

また、コースの特徴でもある皿をひっくり返したような形のグリーンの周りの芝が広めに刈り込まれていた。これによって、距離感が合わないとボールがグリーンから転げ落ちる可能性が高まるので、より難度が上がった。そういう現場の状況を踏まえ、おれはパープレーでの優勝争いになると予想を立てた。

爆発的なスコアの秘密

ところが、である。試合は予選ラウンドをトップで通過したドイツのマルティン・カイマー選手が通算9アンダーという爆発的なスコアで優勝した。2位に8打差をつけての完全勝利で、主催者のUSGA（全米ゴルフ協会）も驚いたに違いない。

他の試合と違い、『全米オープン』のコースセッティングはバーディが取りにくいばかりか、ボギーやダブルボギーになり兼ねない厳しい場面が続く。だから1回でもフェアウェイやグリーンを外すと、スコアがガタガタと崩れる可能性もあるので気が抜けない。そんな難コースでの9アンダーは、他の選手たちが「一人だけ違うコースでプレーしてるんじゃないか」とか、「俺たちは2位になるために戦っている感じだった」とコメントしたほどだった。では、彼の強さの秘密とはいったい何だったのか。

カイマー選手は主に欧州ツアーを戦っていて、米ツアーでは2010年の『全米プロ』を制し、その翌年には世界ランク1位にもなったほど力のある選手だ。ただ、祖国で注目を集めたことで、それがプレッシャーになってしまったのか、数年間は勝てそうで勝てない試合が続いていた。でも、2014年5月の『プレーヤーズ選手権』を1打差で逃げ切ったことで自信がついたんだろう。難コースで4日間、淡々とプレーし続ける姿は、ショットだけじゃなく、フィジカルやメンタル面が他のどの選手よりも充実しているように見えた。

とくに、今大会ではダブルボギーを叩かなかったことが大きい。ティショットやセカンドショットの高い精度、アプローチとパッティングを含めたショートゲームが嚙み合っていたと言ってしまえばそれまでだ。

しかし、本人が優勝インタビューで、「大きなミスをしなかったのが勝因」と話した通り、あのタフなコースセッティングにあって、一度もダブルボギーを出さなかったのは本当に凄いことなのである。

それにしても、これだけメジャーに強いっていうことは、どんな状況においても対応できる技術と精神力があるんだろう。繰り返しになるが、メジャー大会では少しのミスで大叩きしてしまうから、その場、その場をどう切り抜けるかが重要になる。

ビジネスの世界では「現場で役に立たない技術に価値はない」と言うようだけど、その意味で言えば彼は現場での技術に磨きが掛かって一皮剝けたんだね。

やはり、様々な危機をクリアしていける人間は常に強く成長していくんだと改めて感じたよ。

Ⅱ　人生での「旬」の見つけ方

松山英樹と石川遼

「今が旬」という言葉を耳にする。何をもって「旬」なのかは、物によっても解釈によっても変わってくる。

でも、人生では大きなチャンスが少なくとも3回は巡ってくるという。「体・技・心」がきっちりと揃って、物事が上手く運ぶ充実した時期というのかな、それを人生の中での「旬」と言うなら、誰だってその期間を長く保ちたいだろう。

スポーツの世界だと、周囲から期待をされて、それにしっかり応えられる時期が「旬」と言える。だが、その時期を自分で見極めるのは難しい。おれ自身、後から振り返って「あれだったかな」「これだったのかな」と思い当たるシーズンもあるにはあるけど、とにかく「負けるもんか」とがむしゃらに突っ走ってきた結果だから、「この時がそうだ」という特定の試合は少ない。

ただ、『世界マッチプレー』や『ハワイアンオープン』『日本オープン』などに勝った

1978年から1983年ぐらいにかけては、出る試合の全てで上位を争う自信があった。また、アメリカのシニアツアー（現・チャンピオンズツアー）に参戦し始めた1992年頃も充実していて、調子の良し悪しに関係なく、それなりの結果を残せた。いずれにせよ、線香花火のように輝いている時間が短く、1勝もできないまま消えてしまう選手も多いプロゴルファーの世界では、常に新聞などの紙面に掲載されているぐらいでないと「旬」とは言えないのである。

そう考えると、2014年の『ザ・メモリアルトーナメント』で米ツアー初優勝を挙げた松山英樹選手は、まさに「今が旬」である。

これから真価を問われる時期に入ったわけだけど、周りから期待される中で現状に満足しているようじゃあ、これ以上の高みは望めない。

彼の持ち味でもある物怖じしないというか、良い意味での鈍感さを活かして、どっしり腰を据えて米ツアーに場馴れしていけば、この先も良い成績を残していけると思う。また、そうあってほしい。

一方、同じ2014年に開催された『長嶋茂雄招待セガサミーカップ』で、1年8カ月ぶりの国内ツアー優勝を果たした石川遼選手も「旬」が続いている選手の1人だろう。

ご存知の通り、石川選手はアマチュア時代にプロのトーナメントで優勝を遂げ、僅か16歳でプロ入りすると、あれよあれよという間に国内ツアーで通算10勝を挙げた。用具メーカーやＣＭを含めたスポンサー契約だけで数十億円の価値を生みだすなど、常に期待されている存在である。

２０１３年から本格的に米ツアーに挑戦し始めたのだが、同世代の松山選手が先に勝ったことによって、大きな刺激を受けたようだ。「彼ができるなら、おれだって」という気持ちになっただろうし、逆に自分の目指すべきゴルフが明確になったんじゃないかな。何より、今回の優勝で勝利へのペース配分を改めて認識できたと思う。

成功者への道

ツアーに参戦しているプロゴルファーは、勝ち負けを争う試合が続けば続くほど調子が上がってくる。技術面はもちろんだけど、それ以上に4日間72ホールの戦い方というか、チャンスにつながる流れというか、勝つためのペース配分みたいな部分が養われる。「このセッティングだと、1日18ホールをこのぐらいのペースでプレーしたら上位で争える」という風に、自然と試合全体のキャパシティを感じ取れるようになるのだ。

もちろん、意識してスコアは作れないが、大体のペース配分を読めるようになると精神的に余裕ができるので、結果的に良いスコアにつながる。逆にペース配分が分からなくなると、気ばかり焦ってしまい、続いてリズムまで悪くなってショットもブレてしまうのである。

会社でも、1日のやるべき仕事の流れを把握していないと、何から手をつけて良いのか分からなくなってしまうだろうし、どんなペースで作業を進めていけば効率良くこなせるかも読めなくなるだろう。それに、会社全体がどんな流れでプロジェクトを進めているのか、その中で自分はどんな役割なのかといった点をきちんと認識していないと、どんどん仕事が溜まって対応しきれなくなる。そういう部分はやはり、第一線で培っていくものだと思う。

ゴルフはメンタル的にも、好調を維持するのが難しいスポーツである。午前中は良かったショットが、午後に入るとめっきり悪くなったり、或いは前の週にベストスコアが出たと喜んだら、すぐに以前のスコアに戻ったりする。場合によっては「練習場では何発打ってもミスしないのに、いざコースで試すとどうしても上手くいかない」なんていう選手もいる。それは実戦経験が少ない上に、普段から現場で役に立たない練習をしてきている証拠だ。それだけに、我々のようなプロゴルファーは、実戦を想定した練習をどれだけ積んできたのかが良い成績を残す大きなカギとなる。

先の石川選手はアメリカに渡り、レベルの高いところでの経験から実戦で使える技術を磨いてきたはずだ。それを1戦ごとに試して、試行錯誤しながら、少しずつ高度な技術を身につけていったと思う。

あの試合では、「この1打は世界で通じるのか」という気持ちで、1打1打に臨んでいたというから、その強い気持ちが優勝につながったんだろう。

仕事にせよ、プライベートにせよ、どんな場面でも、求めている限りチャンスは巡ってくるもので、そのチャンスを摑んで、やっとその人にとっての「旬」がスタートする。

そして、その期間をできるだけ長く継続していける人が〝成功者〟になれるわけだけど、そのためには日頃から実戦を想定した技術を磨き上げていく必要があるのだ。

Ⅲ　海外で戦うための秘策

体内時計の切り替えと時差ボケ予防

健康法というわけでもないけれど、おれは1日に最低でも9時間の睡眠を取るようにしている。

ゴルフは次の日のスタート時間が決まっているから、逆算して寝る時間を合わせていく。朝8時のスタートなら、1時間前にはコースに着いていたい。だから6時半にホテルを出発したいけど、ストレッチ体操などの時間を考慮すると5時半に起きなければならないので、9時間の睡眠を取るとすると夜8時半には寝ることになる。

たまに時間に余裕があって、まだ2時間は起きていないと9時間以上も寝ることになるなんてことは、あまり気にしない。そもそも11時間寝たって良いと思ってるし、そこを敢えて意識しちゃうと逆に寝られなくなる気がする。

いつだったか、気心の知れたゴルフライターと雑談していた時に、どうしておれがそこまで寝られるのかと聞かれたことがある。

「そりゃあ、プロが若かったら分かりますよ。でも、もう70過ぎじゃないですか。普通それくらいの年齢になると、寝つきが悪かったり、夜中に何回もトイレに起きたりするものだと思うんですけど」

「おれもよく分からないんだけど、なんぼでも眠れちゃうんだ。少しでも疲れを癒やすために、暇さえありゃ眠っているのかな」

「そうは言っても、なかなか9時間とか10時間は寝られないですよ」

「最近は、起こされるまで寝ていられるんだよ。ゴルフが終わった時点で残った体力を温存しながら、新たな体力を蓄積するためだと思うけど、とにかくよく眠れる。周りは〝疲れているんだろう〟って思っているかもしれないけれど、おれは疲れてなくても体力を温存するために、余分なことをして余分な時間を過ごしたくないんだ。横着といえば横着だよ。きっと、動物と同じなんだよね」

「動物ですか?」

「そう。いま、自分が何もしなくてもいいと言われたら、このままスーッと寝ちゃう。ウチで飼っている犬と同じだね。犬は餌を食べる時と散歩する時は活発に動くけど、それ以外はたいがい寝てるだろ? おれもゴルフをしている時間が生活のど真ん中にあって、していない時間は余計なことをしたくないから寝ちゃうわけ。それで『腹減ったから、メシでも食おうか』となって、お腹が一杯になったらまた寝る。腹が空いたらまた起きる。そのうちに、そろそろゴルフができるかなと……」

「なるほど。じゃあ、犬が『散歩だよ』って言ったらすぐ起きてくるように『青木プロ、ゴルフですよ』と声を掛けたら、『はい！』っていう感じに起きるわけですね」

「たぶんそうだろう。だからゴルフをする動物なんだよ、おれは」

機内で熟睡できる方法

それにしても、我ながらよく眠れると感心するところがある。「寝る子は育つ」じゃないけれど、眠っている時って成長ホルモンとかそういうのが分泌されていると聞く。本来は年齢と共に弱くなっていくはずなのに、おれの場合はほとんど弱まらないというか、現状維持しちゃっているんだろう。そうじゃないと、ここまで眠れない。脳外科の先生がおれの脳の中を見たら、さぞ驚くと思う。

ずっと以前は「眠たきゃ寝る」「起きていたきゃ起きてる」って考えだったんだけど、海外の試合に出るようになってからは意識が変わった。時差があるから、日本を朝に出発して、アメリカに着いたらまた朝だったというのは当たり前。でも、時差ボケが辛いからって誰も助けてくれないし、プレーの言い訳にもならないから、何とか克服したいと思っていた。

日本人選手の先駆け的に海外でやって来たわけだけど、これには苦労した。時差にやられて、その時に覚えた対策を次の時に試して、また新たな対策を覚えて……。

それでもあれこれ解消法を探していくうちに、時差ボケはほとんどなくなった。

折角だから、おれが地球を何百周もして覚えた時差ボケ対策をお教えしよう。まず、空港に着いたら意識的に身体を到着地の時間に合わせるのだ。搭乗前に腕時計を現地時間に合わせると思うけど、その時に体内時計も意識的に切り替えるのである。

例えば、行き先のロサンゼルスがすでに深夜だったら〝今はもう夜の12時か。夜更かししたなぁ。そろそろ寝なきゃな〟って自分に言い聞かせる。要は自己暗示みたいなものだ。おれが単純なのかもしれないけれど、そういうイメージを頭の中で膨らませると、知らず知らずに〝寝なければ〟と心も身体も思い込むようで、だんだんまぶたが重くなってくる。

もう一つ〝秘策〟がある。機内で席についたらすぐに冷たいオシボリを2つ貰い、そいつを適当に畳んで目と鼻と口を覆うように十字に顔に被せ、更にその上からアイマスクをつけちゃうのだ。傍から見たら〝何をやってるのか〟と驚かれるけど、恰好はどうあれ、これをやると光は完全にシャットアウトされるし、鼻や口も乾燥しないから、離陸する頃には〝スーッ〟と熟睡している。また、よく眠れるのだ。

こんな感じだから、「枕が替わったから寝つけない」などと言う人の気持ちがよく分からない。「椅子じゃ無理」とか「車の中では眠れない」とか色んな人がいる。

そういう人は、「寝なきゃ寝なきゃ」って自らプレッシャーをかけちゃっているんだろう。自縛しているようなものじゃないのかな。

眠れるに越したことはないけど、眠れなくたってたいしたことはない。深く考えずに自然のまま、リラックスして自分の身体と向き合ってみてはどうだろう。

人間、誰だって眠たくなれば、いつかは眠るんだしね。

7 Hole 逆境を楽しめ

I スランプは自分次第

心の中に潜む「欲」

「青木プロはスランプをどうやって乗り越えたんですか？」

いつだったか、取材でそんな質問を受けた時に「経験したことがないから、分からないなあ……」と、冗談半分に答えたことがある。相手は少し戸惑っていたようだけど、実際におれはどん底のスランプというのを経験したことがない。

もちろん、「スランプ」と言われた時期はあった。

優勝という結果だけを見れば、1983年に『ハワイアンオープン』で勝った翌年からは2年以上も優勝から遠ざかった。ちょうど40歳を過ぎたぐらいかな、身体のあちこちにガタが出てきて、左肘痛を始め、左手の親指の亀裂骨折、右肘痛などのケガを抱えていた頃だ。どうにかしたくてメジャーリーガーなどが駆け込むスポーツ医学の名医を頼って何とか痛みこそ取れたものの、試合で結果（優勝）を出せない時期を過ごしていたのは確かである。

マスコミに「視力が衰えたんじゃないか」とか、「青木も歳には敵わない」などと、ネガティブな記事を書かれもした。だけど、この2年間でも何度も優勝争いはしていたし、賞金ランキングも10位以内に入っていた。だから周りが騒いでいるほど自分では悩んでいなかったのだ。

そもそもこの世界には、〝成績を出せるスランプ〟と〝成績を出せないスランプ〟があると思う。シード落ちしちゃうような成績だったら「スランプ」と言っておかしくないだろう。だけど、勝てないながらも常に上位で争っているのだから、それは「ただ一つか二つ、先に行く人がいたんだ」という風に考えていた。

おれはスランプかどうかなんていうのは第三者が言うことだと思っている。だからそんな言い分に縛られて悩みでもしたら本当に調子を下げかねないとも思うので、おれは世間で言うところの「スランプ」を経験したことがないのだ。

といっても、試合で何度もミスが出ればさすがに落ち込む。思い通りにならない日が続けばガックリもする。でも、何十年もやっているうちに「人にはバイオリズムみたいなものがあって、良い時もあれば悪い時もあるのは当然」と考えられるようになった。じゃあ、その部分をコントロールしているのは何だろうか。行き着いたところは、心の中に潜む「欲」だった。

ゴルフを突き詰めると「欲」との闘いになる。おれはことゴルフに関しては誰よりも欲深い人間だ。試合に出れば良いスコアで回りたいと思うし、いつだって優勝を狙っている。ティグラウンドに立てばできるだけ飛ばしたいし、グリーンを狙うなら少しでもピンの近くに寄せたい。パッティングならカップが目の前にある分、余計に「入れたい」という「欲」に駆られる。

人間である以上、こういう気持ちを抑えるのは難しい。

試合になればなおさらで、この「欲」がプレッシャーに化ける。要は「飛ばしたい」「寄せたい」「入れたい」という気持ちが「飛ばさなければ」「寄せなければ」「入れなければ」という意識に変わるのだ。プロゴルファーの稼ぎは結果が全て。次のパットで予選通過をするかしないかが決まるともなれば、「欲」がプレッシャーに変わって、たとえ僅か2メートルのパットでも難しいものになってくる。

「小欲を捨て、大欲に立つ」

かといって、試合にせよ練習にせよ、「欲」やプレッシャーを失ったら終わりだ。面白いもので、ゴルフというのは、いつも通りのショットをさせなくするのも「欲」なら、いつも以上のショットを呼び込むのも「欲」なのである。だったら、最終的に「欲」をコントロールしないと試合で良い結果は残せない。

ゴルフをやっている人には絶対にかかりたくない病気がある。〝イップス〟と呼ばれる一種の運動障害で、プレッシャーのあまり、急に筋肉が震えや硬直を引き起こして身体が思うように動かせなくなる症状をいう。

普段、何も考えなくてもできていたことが突発的にできなくなる上に、完治には時間がかかり、それこそ選手生命にも影響を与える。〝メンタルのスポーツ〟と言われるゴルフの世界には、この〝イップス〟にかかって以降、全く表舞台に出てこなくなった選手も少なくない。

結局のところ、この症状は心が原因である。

「入れなければ」「寄せなければ」という「欲」から、自分に過度のプレッシャーをかけてしまい、それがどんどん身体を硬直させてしまうわけ。おれもかかっていたことがあるのかもしれないけれど、単純な性格だからそれを引きずることがなかったんだと思う。それこそ、パットが何度か外れたら「おれ、イップスになっちゃった」と言って、全部のミスをイップスのせいにした。それで次のパットがポンと入ったら、「おっ、解除！」という具合である。

何て言うのかな。「欲」をコントロールするには、「欲」そのものを捨てるんじゃなくて、もっとシンプルに考えるべきなんだ。「入れたい」と思うなら、その気持ち以外は要らない。「外したらどうしよう」とか、「入れなければならない」と考えたってさ、その時点ではまだ打っていないわけじゃない？　打った後で評価されるのがゴルフだけれど、打つ前から評価されたいなんて思ったらいいショットは打てない。

仏法の教えに「小欲を捨て、大欲に立つ」と説く言葉があるけど、まさにそれだね。小さな欲望は捨ててそれらを超越する大きな欲望を持てば、煩悩にとらわれず良い結果につながる。大きな目標があるなら、それに向かって真っ直ぐ進めばいい。いちいち周りの評価や小さな「欲」を気にしていたら、いつまで経っても目標には辿り着かないね。

Ⅱ　リカバリーできない場面での対処法

パッティングが生命線

ビジネスの世界にも、やり直しのきかない重要な場面があるだろう。

それをゴルフで例えるなら、グリーン上でのパッティングである。

ゴルフはパットが決まらないとスコアに結びつかない。どんなに近くに寄せても、入らなければ元も子もない。ドライバーで300ヤード飛ばしても1打、アイアンでピンそば1メートルに寄せても1打。しかし、パットが決まらないと結果にはつながらないのだ。ショットのミスは次の1打でリカバリーができるけど、パットはそうはいかない。

それだけに同じ1打でも重要性が違う。

昔から「パット・イズ・マネー」と言われているように、プロゴルファーの生命線はパッティングにある。入れば稼げるが、入らなければお金にならない。この商売を50年もやってきたから言えるのだけど、「ゴルフにおいて、最も難しいのは何か？」と聞かれたら、おれは間違いなくパッティングと答える。

直径108ミリのカップに入れるという作業の中に詰め込まれている要素は様々だけど、傾斜や芝目のラインの読みはパッティングの難しさの一つである。芝の種類はもちろん、長さや向いている方向、グリーン自体の硬さや傾斜などでラインが決まる。強めに打ちたいのか、ヨロヨロゆっくり転がしたいのか。距離感のイメージは人それぞれ違うかもしれないが、パットの名手と言われる人はこの〝読み〟が上手い。

昔から「パッティングは耳と耳の間を使え」という教えがある。要は、頭の中でイメージがしっかり描けている人は迷いがないから入る確率が上がるというわけ。これを一般社会に当てはめるなら、成功している人ほど必要な情報を収集する能力があって、更にその情報を活用する能力が備わっていると言えるだろう。

ただし、セオリーや形ばかりを気にしている人は、せっかくの情報を活かしきれないものだ。

例えば、「タイガー・ウッズのように打ちたい」とカッコばかりを気にしていたら、フォームに気を取られてしっかり打てなくなる。パットはやり直しのきかないショットだからこそ、イメージ通りのボールを打てるかという一点にだけ集中しなければならないのである。

おれはとにかく、転がりが良いパッティングにこだわってきた。フォームじゃなくて、いかに転がりの良いボールが打てるかにね。ボールの転がりが良ければ芝の影響も少なくなるし、球足も伸びて入る確率が上がる。フォームはその延長にあると考えてきた。
第一、良いフォームを習得したからといって、転がりの良いボールが打てるなんて保証はない。それこそ人によって体や腕のサイズは違うから、型は人それぞれ違って当然なのだ。

「切っちまうべぇ」

そもそも、おれが今のパッティングスタイルに落ち着いたのにはちゃんとした理由がある。ずっと以前に米軍のキャンプ座間で行われた招待競技に出場した時、そこのプロショップでT字型の「サイレントポン」というパターに一目惚れしたのだ。ただ、シャフトがあまりに長かったので「切っちまうべぇ」と、思い切ってグリップごと糸ノコで切り落とした。するとどうだろう。凄く感じが良くなって、自然に前傾姿勢のフォームになったのである。
時折、「アオキの打ち方は変則だ」なんて言われることもあるけれど、おれは全く気にならない。何を言われようが、周りからどう見られようが、おれにとったら今の打ち方は試行錯誤して辿り着いたオリジナルのフォーム。だからこそ、誰にも負けない絶対的な自信を持てるようになったのだ。

繰り返すけど、プロゴルファーはいかにパットが入るかで稼ぎが決まる。いくらショットが良くても、最後はパットをどれだけ決められるかが勝負なのだ。

2014年に茨城県の『宍戸ヒルズカントリークラブ』で行われた『日本ゴルフツアー選手権』にプレゼンターとして訪れたのだが、その試合で初優勝を挙げた竹谷佳孝選手は、まさにパッティングで勝利を摑んだと思う。

最終日をトップタイでスタートした竹谷選手は前半の7番、8番ホールで連続ボギーを叩き、流れに乗り切れない様子だった。そんな時、キャディに「グリーンのセンター狙いで行きましょう。あとはパットでやれば良いんですよ」とアドバイスされたそうだ。その言葉で我に返って、持ち味であるパッティングで勝負しようと決めたそうで、なんとそこから5連続バーディを奪った。

終盤こそ初優勝というプレッシャーからか、多少崩れたものの、何とか首位タイでラウンドを終えた。そのままプレーオフにもつれ込むと思われたが、首位に並んでいた韓国の李尚熹《イサンヒ》選手がラインを指で押さえつける行為があったと判断されて、ホールアウト後に2打罰を受けた。これで竹谷選手の優勝が決まったのである。

ややラッキーな部分もあったかもしれないけれど、竹谷選手は最後までパッティングに迷いを見せなかった。普通、流れが悪くなってくると打つまでの間というか、リズムが崩れてくる。見ている側にもあれこれ迷っているのが手に取るように分かるし、モジモジしているというか、何か落ち着きがなくなって、アドレスに入ってからボールを打つまでが長くなる。

優勝を争う終盤では誰でも緊張するものだが、竹谷選手は最後まで自分のリズムを守っていた。おそらく自分の決めたラインを信じて、それ以外のことは考えていなかったのだろう。そして最後まで自分の決断を信じていたのだと思う。だからこそ、ボールはカップに吸い込まれていったのだ。

パッティングは、やり直しのきかない1打。

最後は己をどれだけ信じられるかなのである。

8 Hole 失敗を成果に変える

I　おれ流「失敗の克服」法

神様からの試練

ゴルフは「失敗ありき」のスポーツだ。アマチュアゴルファーなら18ホールでナイスショットが出る確率は5％以下と言われているくらい、コースでは圧倒的に上手くいかない時の方が多い。我々プロでさえ、18ホール中に納得いくショットは数回あれば上出来で、後は失敗とまでは言わないが「まあ、いいだろう」と、妥協するのがほとんどである。

それでも全体でナイスショットとミスショットが1割ずつ、どちらとも言えないまあまあのショットが8割なら、パープレーのラウンドができる技術がある。ただ、ミスショットが2割以上に増えると、よっぽど運がなければ達成するのは難しい。プレーヤーによって考え方は違うかもしれないが、おれはゴルフで結果を残すためにはある程度のミスはあって当然だと思うようにしている。

もちろん、ショットの前は常に目標物のピンに「寄せてやる」っていう気迫を持っている。「ミスをしたらどうしよう」というマイナスの考えは一切入れない。ミスを恐れているとどんどん気が滅入ってしまって簡単なショットまで自分で難しくしてしまいかねないし、少しでもそういう考えが頭に入るとイヤな雑念が湧いてミスショットの確率を増やすだけだからだ。

だから、「失敗はあって当然」「ミスしたらその時に考えればいい」という意識を心の片隅に置くようにしている。第一、失敗したところで命まで取られるわけじゃあない。左にOBがあれば「ああ、そうなのか」、バンカーが手前にあるなら「入ったら入った時だ」と、気軽に考えられるようになれば、それだけで大きなミスはだいぶ減るものなのだ。

それでも失敗したら、その時はきっぱり気持ちを切り替える他ない。打ってしまったものは後から取り戻せないわけだし、プレー中ずっとその一つのミスをくよくよ引きずっていたら、いつまでも次のナイスショットにはつながらない。ゴルフは精神的な部分が影響しやすいスポーツだから、それだけに素早い気持ちの切り替えと、どんな状況でも耐えられる強い精神力が必要になってくるのである。

20代の頃、おれはよく「しゃんめぇ」と言ってミスショットを断ち切っていた。「終わったことは仕方ない」という意味だが、この言葉を口にするのは自分自身の〝逃げ〟みたいな部分もあった。当時は「勝てなければ2位もビリも同じ」といった考えで、優勝できないと分かると途中で投げやりなプレーをしがちだった。若気の至りというのかな、要は我慢が足りなかった。

ところが、予選ビリから優勝した1976年の『東海クラシック』辺りから意識が変わってきた。「あきらめなければ何とかなるもんだな」と、怒りたい気持ちをグッと堪《こら》えるようになった。

「忍耐」という言葉を座右の銘にしたほどで、今では失敗しても「この場面を乗り越えなさいって、ゴルフの神様が試練を与えてくれたんだ」と思っている。

すると怒りや落胆が消えて、「よし、次のショットを頑張ろう」と前向きな気持ちになれるのだ。

悔やむ前に喜ぶ気持ち

こういう考え方というのは一般企業でも同じじゃないだろうか。ちょっとした発注のミスやお得意先との交渉の行き違いなど、どんな仕事にしたって何かしら失敗はつきまとう。自分の仕事を最初からいい加減な意識でやっているなら別だけど、全力を尽くしてミスがあったのなら気持ちを切り替えるしかない。逆に、その失敗を気にし過ぎて沈んでばかりいては、いつまで経っても次に進めないし、何の解決にもならないんじゃないかな。

よく「失敗は成功のもと」と言うじゃない。いつまでもミスを悔やんでいるくらいなら、次の一手を考えた方が成功につながる。

大袈裟だけど、失敗を悔やむ前にそれを喜ぶぐらいの気持ちでなければ、どんな世界でも成功する確率は上がらないのだ。

突き詰めていくと、ゴルフも人生も失敗の繰り返しで成長するものなんだな。最初から全てを上手にできる人間なんていやしない。「ああそうか、こういうものなんだ」「次はこうやってみよう」って、失敗するからこそ次につながる何かを見つけて成長していくんだ。

だからミスの後はしっかり反省もして、新たな課題を見つけて〝なぜ失敗したのか〟を追究していかなければ、また同じ失敗を繰り返すことになる。

どんなことでも、どんな世界でも、山ほど失敗して少しずつ上手くなる。おれは2位に終わった試合が何回あったか数え切れない。それでも、その度に反省課題を見つけて「今に見てろよ」と努力した。上手くなりたいという気持ちだけは絶対に忘れなかったからで、それがゴルフを続ける大きな支えになった。これもどの世界も同じだろうけど、努力を怠るといつか後ろから追い抜かれる。おれがこの年まで現役でやってこられたのは失敗を恐れず、ゴルフに対する向上心とそれを後押しする努力をいつも惜しまなかったからだ。

失敗から得たものは必ず後日、成功をもたらす糧となる。2014年、ソチで開催された冬季オリンピックの金メダル候補だったフィギュアスケートの浅田真央選手や、スキージャンプの高梨沙羅選手は、残念な結果だったけれど、得たものはとても大きかったはずだ。

II　武器としての記憶力

記憶は最強の味方

スポーツ選手には、記憶力が良くないと結果を残せないところがある。野球の投手や捕手なら相手バッターの得意、不得意な球種やクセを覚えているし、バッターなら投手の配球のクセなどを覚える必要がある。マラソン選手は数キロ毎のコースのポイントやラップ、ペースを頭と身体に刻み込んでいるという。シドニーオリンピックで金メダルを獲得した高橋尚子選手は、一度しかコースの下見をしなくても1キロ毎のポイントを全て覚えていて、そらで地図を描けると聞いたことがある。

ゴルフも同じで記憶力がゲームを大きく左右する。

コースには絶対に入れてはいけないバンカーもあれば、反対に入れるとグリーンに寄せやすくなるバンカーもある。フェアウェイにしても、右側だとボギールートで、左だったらむしろラフに入った方がピンを狙いやすい場合がある。

毎回フェアウェイをキープして、アプローチでグリーンの真ん中に乗せられれば苦労はしない。だけど、ゴルフはさまざまなプレッシャーがかかるし、風の向きや強さ、あるいは地面の硬さによっても攻めるルートは変わってくる。

だから、「ん？　この風が吹いているということは、グリーンの表面はかなり乾いて硬くなっているな。じゃあ、直接乗せるよりも手前でワンクッションを入れてみっか」などと想像しながらプレーするわけだ。早い話、記憶力がコースマネジメントにつながるのである。記憶は最強の味方になってくれるのだ。

自分で言うのはおこがましい気もするけれど、おれは記憶力に自信がある。

一度でもラウンドをしたゴルフ場なら、「スタートホールは左ドッグレッグだったな」とか、「17番は大きな松の木があるショートホールで、確かそこでバーディを取ったんだ」「あそこのバンカーは要注意だな」という具合だ。それこそ、レイアウトや実際にプレーした時の場面まで具体的に思い出せるし、グリーンの傾斜や芝目、周囲の木々の高さやバンカーの広さなども覚えている。

ましてや試合でプレーしたコースなら、1番から18番までのホールの特徴というか、クセみたいな部分を常に意識しているから、なおさら頭に入ってくる。1930年代に活躍した名選手のトミー・アーマーは、「一度回ったコースにブラインドホールはない」

と言った。確かにその通りだと思う。ドッグレッグであれ、打ち上げであれ、一度プレーしたコースにやって来て「こんなになっていたっけ？」では言い訳にもならない。失敗を繰り返さないためにも、ゴルフにおいて、記憶力は大切な技術のひとつなのだ。

しかしながら、四十数年ぶりに静岡県伊東市にある『サザンクロスカントリークラブ』を訪れた時は自分の記憶を疑った。ここはおれがプロになって初めて予選を通過した記念すべきコースだったから、細かなレイアウトの記憶が残っていた。だが、実際にプレーしてみると、記憶とは全く異なる別のコースを歩いている感覚に襲われて戸惑った。どうしてもおれの記憶と一致しないところが幾つもあったのである。

「人間電話帳」

「あれ？　このホールはこんなレイアウトだったかな？」「確か、18番はパー3だったと思うけどなぁ……」と、その日はずっと首を傾げながらのラウンドになった。少なくともスタートホールと最終ホールのレイアウトを思い出せないなんてことはなかったので、コースの人に問い合わせてみた。だけど、資料はひとつも残っておらず、当時を知る人間もいないと言う。結局、その日ははっきりとしたことは確認できなかった。

さすがに「40年以上も前のことになると記憶も曖昧になるのか」と少しばかり気落ちした。ところが、そのことをこの連載で書いたら、読者から編集部へ一通のお便りが寄せられたのである。

封筒には「やはり青木プロの記憶は正しかった!!」という書き出しの手紙とともに、1967年当時のスコアカードやゴルフ場のパンフレットのコピーまで同封してくれていて、昔は18番ホールがパー3だったことも分かった。お陰で、おれの記憶が間違っていなかったことが証明できたのである。

ゴルフに関することだけでなく、電話番号や住所などの覚えも良い方だ。周りからは「人間電話帳」と呼ばれているぐらいで、それこそ電話番号は何十年も前に訪れた旅館から近所のレストランに至るまで、100件近くは頭に入っている。

だから携帯電話を使うようになった今でも、連絡先データに頼らないで手打ちで番号を入力する方が多い。

考えてみると、おれは子どもの頃から数字に強い興味を持っていた。他の勉強は嫌いだったけど、数字を使った計算は必ず答えが出るから面白かったのだ。そのせいか、中学校を卒業するまで理数系の教科は5段階評価の「5」以外はなかったと思う。一度だけ風邪を引いて試験を受けられず、「3」の評価に下がったことがあったけど、それがどうしても納得いかなくてね。先生に「試験を受けてないのに3じゃあ、やだ！」と再試験を受けさせてもらい、その結果「5」をもらったことがある。

他にもスケジュールやお会いした人の名前など、できるだけ頭で記憶するようにしている。そうやって普段から意識していると、「何月何日は何曜日で、その日は何々の予定が入っているな」とか、「○○でお会いした○○さんですね」という具合に必要な情報をすぐに引き出せるようになる。

メモを取るのも悪くないけれど、人間にはせっかく記憶する能力が備わっているのだから、頭の〝メモリー〟を使ってあげなきゃね。

脳も身体と同様に年齢とともに鈍っていく。

でも、普段から使っていれば、衰えていくペースを抑えることができると思う。難しいことじゃない。常に頭で「覚えよう」とする好奇心を持てば良いのである。

そして、記憶力を武器に戦えば、失敗を恐れることもなくなるはずだ。

9 Hole 道具論

I　ゴルフクラブはおれの魂

名器との出会い

ゴルフは他のスポーツに比べると、圧倒的に使う道具の種類が多い。メーカーによってヘッドの形や大きさも違うし、ボールの上がり具合を調整するフェースの角度やシャフトの硬さも重さも異なる。それこそグリップの素材や太さも多種多様で、細かい部分を言い出したら切りがないけど、ゴルフにおける道具選びはとても重要である。

そもそも、おれがゴルフを始めた頃のクラブはとても高価な物だった。だから、キャディ仲間で数本のクラブを順番に使い回していたし、木の枝を削ってそれをパター代わりに練習したこともあった。それだけに「どこそこのメーカーが良い」とか、「おれはあの形が好きだ」といったこだわりなんて、とても言っていられなかった。まあ、正直、当時はそこまでの知識もなかったわけだけどね。

実は、おれが初めて手にしたクラブも自分で選んだわけじゃない。ある日、親父が近所でクラブ作りをやっている知り合いから、どこでどう工面したか知らないけど、「プロゴルファーを目指すなら必要だろ」と、その当時4万5000円もする新品のフルセットを買ってきてくれたのだ。今の価値にしたら相当な額だったと思う。嬉しさのあまり、しばらくの間は布団の中でも抱きかかえて寝ていたくらいだ。

そのクラブは自分であれこれ調整しながら、何年もかけて自分の手に馴染ませて使い込んだ。それはもう、思い入れの深いクラブで、プロテストに合格した時には、ソールが磨り減って刻印された番手の数字が見えなくなっていたよ。

プロになってからは、国際興業が取り扱っていたアメリカのメーカー「パワービルト」のクラブを使わせて貰えるようになった。当時、副社長をされていた小佐野栄さんが『我孫子ゴルフ倶楽部』のメンバーだったことで、何度かキャディを務めたおれを「面白いやつだ」と気に留めて下さり、そこから先輩プロを通して話が舞い込んできたのだ。まさかおれにそんなお声がかかるとは思ってもいなかったので、最初は嬉しいというより信じられない思いだった。

その頃、舶来物のクラブはゴルファーの憧れだった。パワービルトの製品は馬の蹄《ひづめ》がロゴマークで、その下にはアメリカ競馬の重賞レース『ケンタッキーダービー』で優勝した「サイテーション」という名馬の名がクラブに刻まれているなど、とにかく格好良かった。

おれも午年の生まれだから「こりゃあ、ぴったりだ」ってなってね。とにかく、幸運なことに契約を結んで頂いたのである。

この名器との出会いで、おれのゴルフは変わった。とくに「２４９２」と刻印されたモデルのアイアンを使うようになってからは、「こうすればこういう球が出る」と、ほぼ思い通りのショットが打てたのである。

まさに道具と一心同体という感じで、１９８３年に『ハワイアンオープン』で米ツアー初優勝を飾った時も、このアイアンを使っていた。

自宅の工房で

少し専門的な言葉になるけれど、この「２４９２」は、ほんの少しだけグースネックになっていた。簡単に言うと、クラブを構えて上から見るとシャフトに対してフェースの部分がやや後方寄りに設計されている。僅か1〜2ミリなんだけど、これがショットの精度を分けた。インパクトの瞬間にフェースの向きが1ミリ狂っただけでも、ボールが飛んだ100メートル先では数メートルぐらいのズレが出る。自分の狙ったところから数メートルもズレたら、思い切ったプレーはできない。だから、本当に僅かな違いだけど、このアイアンと出会ってからはグースネックにこだわるようになった。

自分に合うクラブ探しもゴルフの面白さの一つかもしれない。だけどそれはアマチュアの皆さんの話で、プロは自分で調整を施さねばならない。

振り返れば、おれは、親父に買ってもらったクラブから現在使っている「テーラーメイド」社のクラブに至るまで、自分で手を加えなかったものは一つもない。ソールを削ったり鉛を貼ってバランスを変えたりと、理想のショットが打てるまでとことんいじってきた。

自宅にも工房がある。そこにはこれまで使ってきたクラブを始め、スパイクやボールなどゴルフに関わる全ての道具が保管してあって、同時にシャフトやグリップの交換など、クラブを調整するための機材も置いてある。どういうわけか、自宅にいるとおれは調整や修理をする必要がなくても、何となく工房へ入ってしまう。それだけクラブを触っていたいんだろうね。

武士にとって「刀は魂」という。おれにとったら「クラブが魂」である。道具を使ってプレーをする以上、クラブを大切にするのは当然だし、自分の手で調整などの作業をするからこそ愛着も湧いてくる。

ところが、最近の若いプロゴルファーは、何でもかんでもメーカーのクラフトマンたちに任せっきりで、自分でクラブ調整はしないらしい。料理人だって大工だって、商売道具は自分で手入れをする。だから、それを人任せにする若手プロの意識は全く理解できない。

道具を大切にできない人は、いつかその道具に裏切られる。

逆に言えば、「上手くなりたい」「理想のショットを打ちたい」という強い気持ちがあれば、自ずと道具を大切にするだろう。

どんなに贅沢な時代になっても、どんなに恵まれた環境にあろうとも、そういう気持ちだけは忘れちゃいけないね。

Ⅱ　道具との付き合い方について

クラブの「好き嫌い」

人には誰しも「好き嫌い」がある。食べ物にしても洋服の形や柄、それこそ人間同士でも、よく「アイツの性格は嫌いだ」とか「あの人とは考え方が合わない」なんて言っている。

育ってきた環境や受けた教育などでも価値観や好みは変わってくるんだろうけど、おれはよっぽどじゃない限り、人や物を嫌いになることはない。だって、世の中の物事の全てを「好き」とか「嫌い」、或いは「良い」とか「悪い」で判断することはできないからだ。好きな物はあるけど、じゃあその逆なら嫌いなのかと言われると、必ずしもそうとは限らない。食べ物だったら、「好んで食べはしないけど、かといって嫌いでもない」というのがあって当然なのだ。

そう考えると、ゴルフでも「これを持ったら誰にも負けない！」という好きな番手を作るのも重要だけど、「嫌いな番手を作らない」ことも同じくらい大切だ。例えば、「ここは4番アイアンを使う距離だけど、このクラブはあまり好きじゃないから5番で思いっ切り打つか、それともウッドで弱めに打とうか」と迷って、結局、苦手な4番を使わなかったとする。しかしそれだと、このクラブの良い部分や悪い部分をずっと分からないまま放置することになってしまう。

せっかく14本ものクラブを使えるんだから、ゴルファーとしてはその全てと〝信頼関係〟を築かないともったいない。食べ物にしたって、好き嫌いが激しいと身体の免疫力が低下して病気にかかりやすくなると言う。ゴルフも似たようなところがあって、クラブの好き嫌いが激しい人は使う番手が限定されてくるので、場面に応じたクラブの選択に迷うことが多い。迷いが残ったまま打てば、どうしたって失敗につながりやすくなるのである。

実際のところ、かつてはおれも全てのクラブが好きだったわけじゃない。得意な番手も、苦手な番手もあった。だけど、「全てのクラブと信頼関係を築きたい」という思いから、あることを意識するようになった。

パー3のホールでティショットを5番アイアンで打ったとする。それがグリーンから少しこぼれた場所に止まって、ピンまでは10メートル以上残っている状況だとしよう。

プロや上級者なら、サンドウェッジやアプローチウェッジを使ってピンの手前でスピンを掛けてボールを止める選択があるだろう。アベレージゴルファーならば、9番アイアンあたりでコロコロと転がして寄せてもいい。でも、おれはそんな時には、続けてティショットで使ったクラブを手にすることがある。

グリーンに乗らなかった理由は色々と考えられるけど、結果的に「乗せよう」と思って打ったショットが乗らなかったわけである。でも、「5番アイアンで失敗した」という結果だけが頭に残ってしまうと、次に同じクラブを使う時まで嫌なイメージが残ってしまう。だから、おれはそれを払拭する意味もあって、敢えて同じクラブを使う。要は「苦手なクラブ」を作りたくないのである。

「完成」などあり得ない

もちろん、そのショットが失敗する可能性はある。その時は、「ごめんな、もっと練習するから許してくれ」ってクラブに謝って、もっと技術を磨けばいい。上手く寄せてパーで切り抜けられればその番手を嫌わずに済むばかりか、逆にどんどん好きになれるし、新たな技術だって覚えられる。おれは何事も「嫌いになるより好きになっちゃった方が良い」って考えているところがある。人間関係においても、他人の嫌な部分ばかり気にしちゃうと、良い部分まで見えなくなってしまうのと同じだね。

そんなわけで、ジュニアを指導する時は、必ず「自分の苦手なクラブを持って来なさい」と言っている。ほとんどのジュニアには、得意なクラブでおれに良いところを見せたいという気持ちがあるようだ。

でも、せっかくレッスンするんだから、苦手としているクラブを少しでも好きになってもらいたいと思っている。

それにしても、最近の子は普段から「上手だね」とか「凄いぞ」って〝おだてられて〞教わっているのか、はたまたミスをして叱られるのが嫌なのか、失敗することを極端に恐れていると感じる。教育論めいた言い方になっちゃうけど、大人は「失敗は怖くないんだよ」とか、「失敗を恐れて逃げちゃう方がよっぽど格好悪いんだぞ」って教えなきゃいけないと思う。逆に言えば、失敗して「何やってるんだ」「下手くそだな」なんて叱る前に、「どうして失敗したか考えてごらん」「次の課題が見つかって良かったな」と〝褒めて〞あげなきゃいけないんじゃないか。

誰だって、苦手や不得手な部分を指摘されたらいい気はしない。でも、かといって変におだててしまったら勘違いをしてしまうだけである。

「私は褒められて伸びるタイプなんです」なんて言う人もいるけど、それは褒められてきたんじゃなくて、単におだてられてきただけだろう。本当の意味での〝褒める〟っていうのは、その人に裏付けのある自信を持たせることだと思うね。

これまでおれが、プロゴルファーという職業一筋にやって来られたのも、まだまだ苦手なところや足りない部分があるからだ。よく「青木プロのゴルフは完成した」とか言われるけど、完成っていうのは「完全に成し遂げる」ってことだ。でも、そんなのあり得ない。

成し遂げたことで進歩が止まるのであれば、「完成」とは即ち、存在自体がなくなるのと同じである。

「好きこそものの上手なれ」という諺があるけれど、おれはゴルフが好きで好きでしょうがない。だからこそ、苦手な部分も好きになれるよう、常日頃から努力し続けているのだ。

Ⅲ　命運を左右するゴルフボール

凄まじい進化

どんな分野でも、この数十年で様々な技術が凄まじいスピードで進歩している。自動車はハイブリッドが主流になりつつあり、パソコン、携帯電話、テレビなんかは知らない間にどんどん薄くなって、画面は顔の毛穴まで映るぐらいに鮮明だ。

生活が便利になっていくのは決して悪いことじゃないんだけど、おれぐらいの年代の人間は、その進歩のスピードに対応できなくなっていると思う。プロゴルファーも同様で、毎年、新たに発売される道具への対応に苦労させられる。ヘッドやシャフトの素材はもちろん、形状のバリエーションなど、言い出したら切りがない。中でもボールの進化は我々にとって大きな悩みの種である。

クラブを手に馴染ませるには、数カ月間も打ち込めば何とかなる。でも、ボールはそうはいかない。ヘッドに当たった感触が変わるとショットのイメージが描けなくなるし、パッティングでは微妙なタッチが出せなくなる。少し大袈裟かもしれないけれど、ゴルフは打ち出したボールがプレーヤーの命運を握っていて、それこそがドラマとなる。だからゴルフで生活している我々にとっては「ボールが命」と言ってもいい。

考えてみて欲しい。数ある球技の中でも、使用するボールをプレーヤーが選べるのはゴルフぐらいだ。大抵のスポーツは公式球があって、「自分は柔らかいボール」とか「スピン量の多いボールが良い」というように、自分で好きなように選ぶことはできない。それだけに、せっかく馴染んだボールを替えなくてはならなくなると、調整にまた時間がかかってしまうわけ。といっても、メーカーは常に質の良い製品を開発しているので、プロゴルファーがこの進化に合わせていくしかないのだ。

それにしても、ボール自体の値段も質も、昔と比べて随分と変わった。おれがプロを目指していた頃は、1個で250円もしたものだ。キャディを1日務めて貰えるバイト代が80円の時代である。3日間働いてやっと1個買えるかどうかだから、稼ぎの少ないおれたちにとったら、それはもう高価な物。あの頃に新品のボールを使った記憶はほとんどない。

もっぱら、バイトが終わるとお客さんのロストボールを林の中から探してきて、そいつをボロボロになるまで使い込んだ。だからというわけじゃないけれど、おれはボールを粗末にするプレーヤーが嫌いだった。また、自分が打ったボールでも他人が打ったボールでも、とにかくロストするのがイヤでね。

そのせいか、ボール探しなら誰にも負けなかった。ボールが落ちたと思われる地点を目が勝手に追い掛けて、「あの木とあの木の間だな」という具合に目印を探す習性が知らないうちに身についていた。

プロテストを受けるための予選会でのことだったかな。67か68で優勝して、賞品として新品のボールを2ダース貰った。ゴルフで手にした初めての戦利品である。ボール1個1個がセロハン紙に包まれていて、そいつを剝がして真っ白なボールを見た時は嬉しくてしょうがなかった。

失われた個性

いつだったか、おれと同世代の選手たちが練習場で「おれたちはボールを曲げて頑張ってきた」などと話していた。

「今の若い子は曲がりにくいクラブと曲がりの少ないボールを打っているから、おれたちが味わった苦しさを知らないのが頭にくるよ」なんて皮肉交じりにね。

確かに我々の世代は、ボールを曲げてスウィングを覚えた。当時は柿の木を素材としたパーシモンヘッドと糸巻きのバラタボールが主流で、ミスした時はとにかく曲がった。それこそ右の林に向けて飛び出したボールがギュギュッと方向を変えて、左の林に入ってしまうなんてこともあった。だから、あの頃にプロを目指していた人は「ゴルフは曲がって当たり前。曲がり幅を自分で操れて一人前」と教えられた。そのボールの曲がり幅を身体で覚えるのには、かなりの時間がかかったものだ。

それが、である。最近のクラブやボールは曲がりにくく、さほど苦労しなくてもストレートに近いボールが打てるようになった。飛距離も格段に伸びているし、それは素材の変化や加工技術が進化している証拠なのかもしれないけど、今の道具でゴルフを覚えている人とおれたちとでは、練習量に格段の差があると思う。現に数十年前と比べると若い世代の選手のツアーでの活躍が目につくけど、背景にはそんな理由もあるんじゃないだろうか。

そのせいなのか、個々の選手のスウィングに個性が見られなくなったのは残念でならない。〝パーシモンヘッド世代〟は、自分で覚えた技術でボールをコントロールしてきたからスウィングが皆、それぞれ違った。遠目に見える隣のホールでプレーしている選手でも、「アイツはあんな所から打ってるよ」という具合に、誰だかすぐに分かったぐらいだ。

技術を競っていた昔に比べると、最近はただ単にパワーを争っているように感じる。プロゴルファーは技で魅せてナンボであって、力を競うようになったらただのドラコン大会だ。少なくとも、このまま進化が続くと相対的にコースがどんどん短くなっていくから、いずれパー5のホールがコースからなくなってしまうんじゃないか、と思ったりもする。

かといって、先のように「今の子たちは頭にくる」とは思わない。

どんな仕事でも時代と共に何かが進化していくのは当たり前で、その進化に乗り遅れないよう努力するのは当然だ。

おれの場合は、道具の進化のお陰で今でも現役を続けられていると、逆に感謝しなきゃいけないね。

10 Hole 稼げるプロの条件

Ⅰ　プロゴルファーとお金

仕事の稼ぎは目的に非ず

子どもの頃の「将来なりたい職業」といえば、「プロ野球選手」というのが圧倒的に多かった。白黒テレビが一般家庭にも普及し始めた時期で、相撲やプロレスも面白かったけど、大勢の観客の前で投げたり打ったり走ったりする姿は他のスポーツより輝いて見えた。

でも、多くの子どもが憧れた理由はそれだけだったろうか。昭和20年代の日本はまだ貧しくて、おれたちはいつも腹を空かせていた。当時は「腹が減った、腹が減った」と、空腹感を生活の最大の原動力にしていたから、「プロ野球選手になりたい」という夢の半分は「お金を稼いで美味しい物を腹一杯食いたい」っていう願望だったのかもしれない。

そんなおれがゴルフを知ったのは中学1年生の時である。千葉県我孫子市の自宅近くに『我孫子ゴルフ倶楽部』があって、「ボール拾いをするとお金がもらえる」と聞いてアルバイトを始めたのがきっかけだった。おれは野球少年だったので、スポーツとしてゴルフに興味を持ったのではない。かといって何か欲しい物があったわけでもなく、単に小遣いを稼いでお腹を満たしたかったのだ。

そのうちに卒業を控えて進路を決める時期になったのだけど、今のように「高校へ行くのが当たり前」という時代じゃない。就職する仲間も大勢いたし、うちも決して裕福な家庭じゃなかった。だから「家に迷惑をかけたくない」という意識から、足立区の『東京都民ゴルフ場』に就職を決めたのだった。

この時はまだ「プロゴルファーになろう」という意識はなかったけど、お金持ちが集まるゴルフ場に、どこか魅力を感じていたのは間違いない。高級車で乗りつける客が棒を振り回し、小さなボールを穴に入れるのに大金を払う。子ども心にもゴルフ場の中は外とは違う〝別世界〟に思えて、好奇心をくすぐられていた。

ゴルフ場所属のヘッドプロは、偶然にもおれと同じ我孫子出身の林由郎さんだった。

その林さんがアメリカの試合に出場した話や、賞金で30万円も稼いで200坪以上もある土地に総檜の家を建てたという噂を聞くと、「あの小っちゃいオヤジが30万円もらえるなら、おれはデカイから50万円もらえるだろう」なんて思ってね。まあ、当初はお金欲しさからプロゴルファーを目指したのである。

それからは地元の『我孫子ゴルフ倶楽部』を経て埼玉県の『飯能ゴルフクラブ』に移り、22歳の時に2回目の受験でプロテストに合格した。だが、現実は甘くない。長い間、予選落ちが続いて全く稼げなかったのだ。いま思うと「プロになれば即、お金が入る」と勘違いしていたんだね。努力もしないで稼げる世界なんてどこにもないのに、目先のことばかり見ていたんだろう。「賞金を稼ぎたい」「稼ぐには上手くなるしかない」と、頭では分かっているんだけど、なかなか思うようにならない。一向に芽吹かない、自分の才能や素質にうんざりしたこともあった。

1打が数十万円

野球やサッカーは年間の成績で給料が決まるから、1回のプレーが稼ぎに直接影響することはないだろう。でも、ゴルフは1打1打が直接そこにつながるから恐ろしい。

「このパットを入れないと予選落ち」という具合に、「1打で稼ぎが数十万円変わる」なんて場面はよくある。そんな状況で金勘定なんかしていたら入るパットも入らない。あの頃のおれは、プロになって「とにかく稼ぎたい」という気持ちが強過ぎたんだと思う。

それが、である。1968年に『関東プロ』で初めて予選を通過したことで、「頑張ればゴルフで食っていけるかもしれない」と自信がついた。これ以降はプレーに集中できるようになったし、どんなに厳しい状況に陥っても「おれが厳しいなら他の選手はもっと厳しいはず」と思えた。

確かに、ある程度は努力した。でも、それよりも「試合で稼げた」という現実が何物にも代え難い自信をもたらしたのだ。よく「お金は後からついて来る」っていうけど、「自分のやってきたことが間違っていなかったんだ」って思える瞬間は、結果が伴った時に訪れる。その結果とは「イコールお金」とも言えるだろう。

ましてや、ゴルフの「日本一」は稼いだ額で決まる。どんなにドライバーで飛ばしても爆発的なスコアを出しても、結局はどれだけ賞金を稼いだかである。おれは賞金王には5回なったけど、その結果こそが実力の証しだと思っていたし、賞金王になったことで「日の丸を背負って闘う」という意識も生まれた。それこそ、日本に招待された外国人選手があっさり優勝したりすると腹が立ってね。それで「クソー！　今度はおれが獲り返してやる」って気持ちから、海外のツアーに挑戦したのだ。

50歳を超えてからは、同じアメリカのシニアツアーに出場していたわけだけど、それは米ツアーの生涯獲得賞金ランキングで与えられる権利によるものだった。

でも、これは単にお金を稼ぎたいと頑張った成果じゃない。「負けるもんか」って、がむしゃらに突っ走ってきた結果、シニアツアーの出場権を得られるような稼ぎがついてきていたのである。

メシを食い、家族を養うために仕事をするのは当然のことだ。でも、最近の選手は賞金で稼ぐよりもスポンサーとの契約金で生活している部分が大きいようだ。それが悪いというわけじゃないけど、スポーツ選手である以上、自分は何のためにこれまでの時間を過ごし、今を生きているのかということを意識しなきゃいけないと思う。

おれも若い頃は気がつかなかったけど、お金はあくまで一つの結果であり、決して目的にしてはいけないのである。

Ⅱ　「行き詰まり」を感じたら

倦怠感が起きてくる

何事でもそうだろうが、一つのことを長くやり続けていると、どこかで行き詰まるものだ。「以前よりも興味がなくなった」「このまま続けて意味があるのか」「これ以上、成長を見込めない気がする」という具合に、それまでの経験と将来の見通しとを照らし合わせて、もう一歩前に進めないで立ち止まってしまうというのかな、倦怠感《けんたいかん》のようなものが起きてくるというか、そんな時期がある。

原因は人それぞれだろうけど、要は結果を出せない自分に嫌気がさしてモチベーションが下がっているんだと思う。当然、賞金も稼げない。

おれは長くプロゴルファーをやっているが、獲得賞金の額とは関係なく、ゴルフをつまらないと感じたことは一度もない。試合で結果が出なくても常に新しい発見を探しているし、進化し続けるクラブを使いこなす楽しさもある。

でも、いつだったかカミさんから「ゴルフやっていて、まだ楽しいの？」と聞かれた時は、一瞬言葉に詰まってしまった。

　ここ数年間、成績が悪くて悔しがるおれの姿を見て自然と言葉が出たんだろう。だけど「ゴルフが楽しいのか？」という本質的な質問を受けるとはね。実際、これまでも幾度となく似たようなことはあったが、「アメリカツアーをいつまで続けるの」とか、「もう少し試合数を減らしたら」という具合だ。

　おれはツアーに出ることが前提だったから驚いた。

　プロゴルファーは試合で優勝するのが目標であり、賞金を稼ぐのが仕事である。おれもそれを追いかけて最善の道を選んでここまで突き進んできたから、体力的にキツイと感じたことはあっても辛いと思ったことはない。そりゃあ、試合で良い成績を残せなければ悔しい。でも、その悔しい気持ちは結果よりも納得できないプレーをした自分に向かっている。つまりはゴルフが楽しいのは試合があるからで、試合に出なくなった時の自分のことなど想像すらできなかった。

　カミさんには「ゴルフは楽しい。どんなに成績が悪くても楽しい」と答えた。考えてみたら、彼女はおれがどれだけゴルフが好きかを一番よく知っている。だからもしかしたら、この一言を言わせるために聞いてきたのかもしれないなと思ったら、途端にモヤモヤしていた気分が吹き飛んで、試合に出場できる嬉しさやプレーできる喜び、そしてゴルフの楽しさというものを改めて思い返すことができた。

そう考えると、人の言葉を素直に聞き入れて受け止めることは大切だ。だけど、これが簡単そうで意外とできない。よく歳を取ると頑固になるって言われるが、きっと自分の経験から出てくる回答が全て正しいと思っているんじゃないかな。でも、自分の知っていることだけで物事を判断するようになってしまうと、ただの〝分からず屋〟になってしまう。誰かと会話している時、すぐに「そりゃあ違うよ」とか「でも、それは!」と口にしてしまう人は要注意だ。

だって、物事には「絶対」はないわけで、自分の経験だけで全ての答えを出しちゃったら、それ以上の成長は望めなくなる。

だからこそ、おれはゴルフに関する情報はできるだけアンテナを広げて、何でも受け入れるようにしているんだ。

周囲の声に耳を傾けよ

例えば、どこかで「こういうストレッチが効く」と聞けば、まずは試してみる。その上で自分に合わなければやめればいいし、使えそうなら自分流にアレンジしてみる。また、「このシャフトが良い」という評判があれば、一度は使って調整した。

これがだよ、「自分のやっていることが全て正しい」と決め付けてしまうと、新しい情報に聞く耳を持たなくなるので自分の成長を止めてしまうことになるわけ。せっかく、「これを試してごらん」とアドバイスを貰っても、「おれのスタイルじゃない」とか「自分には合わない」と否定してしまうと、貴重な成長のチャンスを自ら逃してしまう。向上心があるなら、いつまでも「どんなことでも一度は聞き入れよう」という柔軟な気持ちを持っていなきゃね。

いつだったか、『中日クラウンズ』に出場した時に、大先輩プロの戸田藤一郎さんからアドバイスを貰ってゴルフが大きく変わったことがある。おれはこの大会で5回優勝していて、そのうちの78年から80年までは3年連続だった。そのためメディアからは「クラウンズ男」とまで言われていた。それぐらい相性の良いトーナメントなのだけど、初めて出場した69年から72年までは全く良い成績を残せなくて、当時はむしろあまり好きな大会じゃなかった。

開催地の『名古屋ゴルフ倶楽部・和合コース』はグリーンが小さく、ピンを攻めても外してしまうと攻略するのは難しくてかなりてこずった。そんな時、戸田さんから、「おい、青木。こんな小さいグリーンなのに、何でピンを攻めるんだ。グリーンの真ん中に乗せれば、カップがどこに切ってあってもバーディチャンスじゃねえか。お前はそんなにパターが下手なのか」

声をかけられた瞬間、〝はっ〟と気がついた。確かに和合はグリーンが小さく傾斜も強い。ましてやグリーン周りはアゴの深いバンカーが多くて、入れたら大叩きもしかねない。ならば戸田さんの言うように、グリーンのセンターに乗せさえすればボギーも少なくなるし、パッティング次第でチャンスが広がる。

「そうか、ピンばかり攻めていてはダメなんだ」と、戸田さんの一言でおれは和合攻略のコツを摑み、なんとその翌年には優勝できたのである。

人間、行き詰まるとどうしても意識が内向きに入り過ぎちゃうものだけど、そういう時こそ周囲の声に耳を傾けて、仮に小さなアドバイスに思えたとしても実行してみるべきなのだ。

Ⅲ 「賞金王」で得られるもの

「日本一」という座

２０１４年の国内男子ツアーの賞金王争いは、最終戦の『ゴルフ日本シリーズＪＴカップ』までもつれ込んだ。

最終戦は1年間の総決算みたいなもので、出られるのと、出られないのとでは大袈裟だけどその後のツアー人生に大きな影響を与える。

出場すれば「今年も頑張った」と、1年の取り組みに自信を持てるし、仮に結果が伴わなくても、「来年こそリベンジしてやる」という気持ちになるので来シーズンにかけるモチベーションも変わってくる。いずれにせよ、この舞台に上がること自体がツアーを戦う選手にとって、その年に残した勲章とも言えるだろう。

なんといっても、賞金王っていうのは「日本一」の称号である。トーナメントで優勝することも大切だけど、年間を通してそれなりの成績を残せないと手が届かないタイトルだからだ。ビジネスの世界にたとえると、一度や二度の成果で上司に褒められても最終的に収益を残せないと意味がないだろう。それと同じで、ロングセラーのように安定した業績（成績）を保つことができなければ、賞金王にはなれないわけ。

プロゴルファーである以上は、トーナメントで稼いでナンボである。やれ契約金だの、コマーシャルで稼いだだのと威張っても、ゴルフの実力がなけりゃ意味がない。それこそ、おれがレギュラーツアーを戦っていた頃は、現在のように世界ランキングはなくて、賞金王にならないと『全米オープン』や『全英オープン』などの海外メジャーに出場するチャンスすら得られなかった。

つまり、まずは日本一にならないと世界的には注目されない。逆に言えば、だからこそ海外へ行くと「自分が日本の代表なんだ」って、無意識のうちに「日の丸」を意識し始めて、そこで更なる高みを目指した。

おれが初めて賞金王になったのは１９７６年だ。ずいぶんと昔だけど、当時のことはよく覚えている。最終戦を迎えた段階で賞金ランキングのトップに立っていたのだけど、2位の村上隆選手との差はわずか１８０万円ほどだった。だから『ゴルフ日本シリーズ』の後に開催されていた『日米対抗ゴルフ』の個人戦では、村上選手以上の成績を残さなければならない。もちろん、ある程度のプレッシャーはあった。でも、「日本一になりたい」という気持ちの方が明らかに強かったよ。

その気持ちがプレーに表れたのかもしれない。結果的におれは個人戦で2位に入り、賞金王という座に上り詰めることができた。普通は賞金王ともなると、年間で2～3勝はするものなんだけど、この年のおれは『東海クラシック』の1勝だけだった。ただ、ベスト10が16回あって、そのうち2位が4回という成績で4000万円以上を稼いだのである。優勝賞金が平均で400万円ぐらいの時代だから、10勝を挙げたような額に相当していた。

年収ランキング1位を獲得

事務所にある当時の新聞を読んでみると、おれは、「優勝はある程度ツキがなければモノにできない。どんなに良いプレーをしても相手が1打でも上回れば勝てないからね。でも、おれは優勝を逃しても決して焦らない。順位を一つでも上げればずっしり重い賞金をもらえるんだから。その積み重ねが賞金王につながることが、今回でわかったよ」とコメントしていた。

つまり、シーズンを通してどんな1打でもあきらめず、しっかりプレーすれば最終的に結果につながると確信したのだ。諺に「塵も積もれば山となる」というのがある。ゴルフでも他の職業でも、目標を持ってコツコツ進めば、それはいずれ成し遂げられる。この時ばかりは、目標に辿り着く前にあきらめたら終わりなんだということをつくづく感じさせられた。

また、賞金王になったことでゴルフに対する意識も変わった。それまでは開幕戦から最終戦まで、なりふり構わずガリガリとプレーしていたのだけど、「去年はこのくらいのスコアであの試合で優勝を争ったんだな」「今週は無理をしないで身体を慣らそう」といったように、体調管理を含めたシーズン全体のペース配分というのが分かってきたのである。すると心にも余裕が生まれ、実際にプレーをしている時も焦りがないから結果がついて来るようになった。

お陰で1978年から4年連続で賞金王の座を譲ることはなかった。また、国内の試合も増えて賞金総額も上がったことから、日本ツアーで6000万円以上を稼いだプロゴルファーの第1号にもなった。しかも、海外の賞金を含めると野球や相撲など、プロスポーツ界での年収ランキングで1位を獲得したのである。

振り返ると、あの頃が一番充実していたのかもしれない。34歳の時に初の賞金王になり、40代の終わりまではどんな選手にも負ける気がしなかった。きっと身体も、技も心も整ってきたんだろう。肉体的には20代の前半でピークを迎え、あとは下降していくけど、一方で数多くの試合や人生体験を積むことによって色んな部分が練られていき、やがて下降する体力と上昇する技と心が交差するあたりで最盛期を迎える。

その最盛期をできるだけ長く保つことがスポーツの世界では求められる。中でもゴルフはあきらめないで取り組んでいれば、年齢に関係なく向上できるスポーツだ。それだけに自分自身でピークを決めてしまうと、そこから先は足踏み状態になってしまう。だけど、一度賞金王になったことで「また日本一になりたい」っていう闘争心が、おれのゴルフをより強く作り上げてくれたんだと思う。

経験した者だけしか分からないのかもしれないけど、賞金王になることで得られるのはお金や名誉だけじゃあない。

プロゴルファーとしての〝芯〟の部分が養われるのだ。

11 Hole 勝負論

Ⅰ　人生最大の〝死闘〟がもたらしたもの

ジャック・ニクラスとの戦い

おれは国内外のレギュラー、シニアツアーを始め、後援競技も含めると通算で85勝を挙げている。

嬉しい思い出もたくさんあるけれど、それ以上に多くの悔しい思いを味わってきた。おそらく、優勝回数の2倍ぐらいは2位や3位に終わった試合があるんじゃないかな。

スポーツの世界は厳しいもので、年がら年中勝てるわけじゃない。「負けて覚える相撲かな」って言葉があるけれど、だからこそ「どんな負け方をしたのか」ということも大切だ。負けっぷり良くというのかな、「コノヤロー！」って最後まで相手と刺し違える気持ちで競っていれば、悔しさこそ感じたとしても、敗北感は残らない。そう考えると１９８０年にニュージャージー州の『バルタスロール・ゴルフクラブ』で開催された『全米オープン』は、2位という成績だったけれど完全燃焼ができた。

パーシモンヘッドとバラタボールを使っていたこの時代に、コースは７０００ヤードを超えるパー70というタフなセッティングだった。加えてメジャー大会ということでフェアウェイは狭く、ラフは伸び放題だったから、余計に距離があるように感じた。練習ラウンドでは12あるミドルホールのうち、2打目でウッドを使ったホールが10もあったぐらいだ。

そんな中、初日のペアリングを聞かされて一気に気合いが入った。あのジャック・ニクラス選手と同組になったからだ。

当時、40歳になっていたジャックは2年ほど優勝から遠ざかっており、「シーズンの成績が悪ければ引退する」と公言していた。だが、同じくここで行われた１９６７年の『全米オープン』で優勝していたからコースとの相性は良かったのだろう。大会初日に7アンダーの「63」というとてつもないスコアを出して、トップに躍り出た。

強い相手に立ち向かっていく時は、気持ちで負けたらおしまいである。この日、おれは68の2アンダーで回って9位タイにつけた。ジャックとは5打も離れたが、「アイツだって同じ人間じゃないか。ゴルフの技術はアメリカ人もヨーロッパ人も同じようなレベルだろ。だったら、おれはおれのゴルフをやるだけだ」と思っていた。自信も根拠も何もなかったけど、これくらいの意識がないと、あっちでは戦っていけないわけよ。

2日目に入ると、上位のスコアが崩れ始めてトップのジャックが71となった。

一方のおれは、グリーンを外しても何とか寄せてパーで切り抜けるというゴルフで前日と同じ68で回り、ジャックと2打差の2位タイに浮上した。飛距離ではジャックには敵わなかったけど、変則に見られたおれのパッティングが次々に決まり、バンカーからピタリと寄せるショートゲームの技がよほど珍しかったのかな。予選を終えると「東洋から来たマジシャン」とか言われて取材が殺到した。

緊迫の4日間

そのまま決勝ラウンドに進み、おれは迎えた3日目も68とした。ジャックは70のパープレーで、3日間を共に戦って、ジャックもおれも通算6アンダーで首位。遂に最終日も2人で回ることになった。

今で言えば、アメリカのスター選手のタイガー・ウッズ選手やフィル・ミケルソン選手と『全米オープン』で4日間を同組で回り、最終日を首位で迎えたようなものだろう。でも、面白いもので、あの時は「日本じゃあ、さぞ騒いでいるだろうなあ」なんて他人事のように考えていた。自分でもよく分からないけれど、何故か自身を第三者の目で見ていた。それだけ冷静でいたのかもしれない。

最終日には、優に3万人を超えるギャラリーが詰めかけた。そのうちの3分の1は、おれたちの組についたという。ティグラウンドからグリーンまでがギャラリーで埋め尽くされ、「ジャック・イズ・バック！」と物凄い声援に、おれは「ジャック、ジャックってうるさいんだよ。アオキだって来てるじゃないか」と反発しつつも、雰囲気に飲まれそうだった。

ただ、何事も自分の都合の良い方に解釈するのがおれの特技である。途中から「ジャック・イズ・バック！」という声が、「アオキ、ガンバレ！」と聞こえるようになった。完全に自分だけの世界に入っていたのだ。

その日は、ジャックが入れればおれが入れ返し、おれが入れればジャックが入れるというデッドヒートが続いた。結果的に、おれは2ストローク及ばず2位に終わり、1打の重みを心の底から味わった。だけど、嬉しいやら悲しいやら、おれの通算スコア「6

アンダー」も大会記録だった。思えば「ジャックに食らいついていけば、どっかでチャンスが巡ってくるはずだ」と必死で追いかけたからこそ、失敗なんて考えずに自分のプレーができたのかもしれない。

もちろん、優勝と2位とでは雲泥の差がある。でも、負け惜しみではなく敗北感はなかった。心から勝ちたかったけど、「負けた」とは感じなかった。おれは一瞬たりとも集中力を乱すことができない緊迫感に包まれた4日間を、ジャックを相手に戦った。しかも、あの大舞台で完全に自分を出し切れたという高揚感がそんな気持ちにさせてくれたのである。

あれから30年以上が経ち、2014年秋、テレビ番組の企画で『バルタスロールの死闘』と語り継がれてきたあの戦いの地を訪れた。

ジャックとも再会を果たし、トロフィーを挟んで語り合った。互いに年を重ねたけど、これまでプロゴルファーとして共に戦い、そしてそれぞれが更なる高みに挑戦し続けて来られたということが、何にも代え難い貴重な財産なんだと改めて感じさせられた。

Ⅱ　ゴルフでの「本命」と「大穴」

ゴルフはギャンブルか

男の甲斐性や道楽の限りを尽くすことを表すのに、「飲む、打つ、買う」という言葉がある。

この中でおれが一番やっていることと言えば、「打つ」である。もちろん、言葉は「博打」や「ギャンブル」を指しているから正確な意味は違う。だけど、ゴルフはギャンブル性の高いスポーツとも言えるので、全くかけ離れているというわけでもない。

1ラウンドの中で、ボールを打っている時間は僅か5分程度に満たない。それ以外はショットとショットのインターバルになるわけだけど、その時間でいかに状況を判断して最善の処置（ショット）を考えられるかが好スコアを出すカギを握る。

ピンをデッドに攻めるのか、グリーンの真ん中を狙うのか。或いはバンカーやハザードを避けて、より安全策でいくのか。これは競馬の予想にちょっと似ていて、「大本命」を狙うのか、はたまた「中穴」や「大穴」を狙っていくのか、プレーヤーは選択をしなければならないわけよ。

試合でピンを攻める時は、どうしても慎重になる。一つ間違えばボギーにつながるし、かといって守り過ぎてはバーディチャンスが巡ってこない。選手それぞれに攻め時や守り時があるけど、答えは全て結果次第。つまりは打ってみないと分からないことなのだが、ゴルフはこの予想が面白さの一つでもある。

そう考えると、プレーヤーは競馬でいうところのコースを走るサラブレッドであり、その手綱を取る騎手であり、そして予想屋でもある。ビジネスにおいても、攻め時や守りの時期があると思う。だけど、おれは絶対に無茶な選択だけはしない。

それだけに、プロアマ戦などでアマチュアの方と一緒にラウンドをしていると、ほとんどの人が無謀な攻め方をしているように見える。とくに初心者ほど、実力以上の結果を求めて失敗している。毎ショットが「大穴」狙いで、言ってみれば、100発に1回出るか出ないかのナイスショットを求め過ぎているのである。

例えば、パー4の2打目。ボールがラフの中にあって、キャリーで160ヤード飛ばなければ越えない池の先にグリーンがあるとしよう。しっかり打てれば池を越えなくもないが、可能性はかなり低い。それでも「もしかしたら越えるかも」と果敢に攻めているんだろう。でも、結果的には池に捕まってペナルティを科されるという人があまりにも多いのだ。

無謀な攻めだったのか、単純にスウィングが悪かったのか。理由は色々と考えられる。でも、そんなシチュエーションの時は、せめて「中穴」を狙って欲しい。池を越えるのが50％以下の確率と思うなら、池の手前に刻んで次のショットでグリーンオンを狙った方が余計なペナルティを科されずに済む。

しかも、仮に3打目がオンして次のパットが決まればパーを取れる。初心者でもこういう選択ができるようになると、トータルで5ストロークぐらいは変わってくるんじゃないかな。

迷いは禁物

その点、我々のようなプロゴルファーは、自分の実力をよく分かっているので、できるだけ「本命」で攻めている。それこそ優勝のかかった大事な場面なら別だけど、そうでなければイメージの湧かない「大穴」のショットは狙わない。

もっとも「本命」を狙っても１００％思い通りにいくわけではなく、20％くらいの確率でミスも出している。まあ、結果がどうあれ自分の選択だから言い訳はできないけど、プレーの流れを良くするには自分の実力を謙虚に捉えて、その場その場で的確な予想を立てる必要がある。

面白いもので、おれは調子の良い時ほど瞬間的に次に打つべきショットを選択している。周りから見れば無謀なショットと思われても、自分では最善の判断であり、ガチガチの「大本命」だったりする。そういうショットは迷いなく振りきれるので、スーパーショットにもつながるのだ。

1983年に、『ハワイアンオープン』で米ツアー初優勝を決めた時のショットが良い例だ。キャディは9番アイアンを勧めてきたけれど、ピンまでの距離やボールのライ、そして自分の調子を考えて、おれは直感的にピッチングウェッジを手にした。キャディはビックリしていたが、バンカーをギリギリで越えないとチャンスはないと思っていたし、何故だか打てる予感がしたのだ。「火事場のクソ力」だったかもしれない。思えば直接カップインして逆転優勝したことも、ある程度は打つ前の判断で決まっていたのかもしれない。

逆に調子が悪くなると、どうしても気持ちに迷いが増えて予想が立たなくなる。勝負事に迷いは禁物だ。仮に本命を選択していても、迷いがあると不安になるし、ミスした時は最後まで尾を引いてしまう。未だに何をどう選択すれば良い結果につながるのかは分からない。しかし、直感的な判断がプレーのリズムを作るのは確かだ。「試合勘」というのかな。この感覚をいかに引き出せるかで、「大穴」のショットと思われる難しい局面でも、それを自分の「本命」に引き込むことができるわけよ。

2014年、静岡県伊東市で開催された『日本グランドゴールドユニデンシリーズ』では、初日をトップタイで終えただけに悔しい思いをした。

最終日は出だしから3連続ボギーと躓《つまず》いて、気持ちばかりが先走ってスコアにならなかった。無理をせずにガチガチの「大本命」を狙い過ぎたのかもしれないけれど、あまりにもボギーが多かったよ。

「プレーが謙虚過ぎたのかもしれない」といった反省点もあるが、結果は通算4オーバーの4位。今後を考えると、少しずつ「試合勘」が戻って来たように感じているよ。

12 Hole

幸も不幸も人との縁

I かけがえのない出会い

ゴルフへの良縁

２０１４年、東京・日本橋にある三越本店で、「日本プロゴルフ殿堂」の式典が行われた。

「レジェンド部門」というカテゴリーでは日本のプロゴルファー第１号となった故・福井覚治さんをはじめ、ＰＧＡ初代理事長の故・安田幸吉さんや１９６０年のカナダカップ（現在のワールドカップ）で活躍された、故・島村祐正さん、ＬＰＧＡの初代理事長を務めた二瓶綾子さんらが選ばれた。

それぞれ日本のゴルフ界で功績を残された大先輩ばかりだが、嬉しいことにプレーヤー部門でおれとチャコ（樋口久子）も顕彰を受けた。２人ともすでにアメリカの世界ゴルフ殿堂入りも果たしているが、ちょうどプロになって50年という節目に選ばれたのは、やはりゴルフに何かしらの縁があるんだね。

もし、おれがプロゴルファーになっていなければ、いったい何をしていたのだろうか。深く考えたことはないけれど、身近なところにゴルフ場があり、当時、第一線で活躍していた先輩プロもいた。だから、自然の流れで導かれたと言うほかない。

思い返すと、おれがゴルフという存在を知ったのは中学校1年生の夏休みのことだった。千葉県我孫子市の家の近くにあった『我孫子ゴルフ倶楽部』で、キャディやボール拾いをすれば金がもらえると聞いて通いだしたのだ。ゴルフそのものに興味を持ったわけではないし、何か特別に買いたい物があったわけでもない。ただ、その小遣いでお腹を満たしたいだけだった。

その頃はまだゴルフをやったことがないから、見ていて「あんな小さなボールを打って楽しいんだろうか」なんて不思議に思っていた。そんなある日のことだ。キャディに付いたお客さんがあまりにもチョロを連発するので、堪え切れずに目の前で「クスッ」と笑ってしまった。すると、そのお客さんがラウンド後におれを練習場へ連れて行き、クラブを差し出して「ボールを打ってみろ」と言う。

おれは小学生から野球をやっていたので、止まっているボールなんて簡単に打てると思っていたら、なんと、尻もち寸前の大空振りをした。その後も「おかしいな」と首を傾げて何度もトライしたが、1発もまともに当たらない。それで今度はそのお客さんに笑われてしまった。

それがもう、あまりに悔しくてね。以来、「ちゃんと飛ばせるまでやってやる」と、ゴルフにのめり込んだわけ。考えてみれば、あのお客さんに出会わなければ、おれはゴルフをしていなかったかもしれない。

そのうちに中学校の卒業を控えて、進路を決めなければならない時期になった。現在のように高校へ行くのが当たり前という時代ではない。周りには就職する仲間もたくさんいたので、おれも家に金銭的な負担をかけたくなくて、親父の知り合いのツテで東京の足立区にある河川敷の『東京都民ゴルフ場』に就職した。そこにたまたま、同じ我孫子出身の林由郎さんがヘッドプロとして在籍されていたのである。

プロゴルファーへの憧れ

家が近いということで「よし、それなら毎日いっしょに行こう」となって、林さんのカバン持ちが始まった。始発の電車に乗り遅れたら遅刻をしてしまうので、毎日朝4時半に起きて林さんの自宅へ走った。そこから重たいキャディバッグを担いで「ヨイショ、ヨイショ」と駆け足で駅へ向かい、電車で1時間以上かけてコースへ通うことになったのである。

その林さんがトーナメントで優勝して何十万円も稼いでいると聞いて、おれは初めてプロゴルファーに憧れを抱いた。毎日毎日、辛かったけれど、あの時に林さんに出会っていなければ、おそらく「ゴルフでメシを食っていく」ということを意識することはなかっただろう。

こうして振り返ってみると、人生において人との出会いは大切なことだなあと思う。しかも、おれは本当に人に恵まれていたんだね。いい人に出会えればいい人生になるけれど、悪い人に出会ってしまうと悪い人生になってしまう可能性もある。おれの場合は引き合わせが良かったのか、要所要所、思いもよらない場面で〝会うべくして会った〟と言える人々と知り合う機会が多かった。

もちろん、最初にボールを打たせてくれたお客さんもそうだし、「プロは稼げる」と教えてくれた林さんもそうだ。その後、勝てなくて苦しい時期を支えてくれた方や、長年にわたってスポンサーをしてくれている企業やその関係者の方などなど、おれにとっての大切な出会いをあげたら切りがない。でも、全ては運命だったと思うし、これまでの出会いには必ず意味があった。とくにおれの場合は偶然じゃなく、必然的だったとしか思えない出会いばかりだったから尚更である。

結局のところ、人というのはどこかで支え合って生きているわけよ。「人の世の幸、不幸は人と人とが出会うことから始まる」という言葉があるけれど、まさにその通り。人には人生を歩んで行く中で数え切れないほどの出会いがあり、そこから何かを学び、何かを得る。だからおれは、どんな人と接する時も自分にとって必然的な出会いだと考えている。

それこそ酒場でたまたま隣り合わせた人であっても、知人に紹介された人も何かの縁である。

そんな時に何気なく交わした会話やちょっとした言葉が、自分の進む方向や相手の考え方に影響したり、何かのきっかけになることもある。

これからも、さまざまな〝縁〟を大切に生きて行きたいね。

II　田中角栄元総理とのゴルフ

角さんのキャディに付いた日

おれは面識のない人からは、〝何だか近寄り難くて怖い存在〟と思われているようだ。まあ、タッパがあって真っ黒に日焼けした顔だから、威圧感があって2割増しくらいで強面に見られてもしょうがない。でも、一度でも会話をすると「青木プロって意外に気さくな方なんですね」と、そもそものイメージとのギャップに驚かれることが多い。

それこそ、映画『男はつらいよ』の主人公「寅さん」こと車寅次郎のように、旅先で初めて会った人ともよく喋るし、冗談交じりで話もする。遠征中に立ち寄った料理屋で、たまたま隣り合わせた人にも「おとうさん、何食べてるの、それ。旨そうだなぁ」なんて話しかけて、店主に「おれも同じのをちょうだい」と注文するのをきっかけに会話が始まることもある。そして「ゴルフやるの？　じゃあ、試合を見に来てよ」と、帰る頃にはもう昔からの知り合いのように親しくなっている。思えば少年期にキャディをしていたから、初対面の人ともコミュニケーションを取るのが上手いのかもしれない。

「おい、ここから何ヤードだ？」

「ピンまで150ちょっとです」

「そうか、じゃあ6番をくれ」

「いや、7番で打ちましょう」

「なんだよ、それじゃあピンまで届かないじゃないか」

「お客さん、グリーンの奥は難しいので、届かなくても手前からアプローチした方が易しいですよ」


終始、こんな感じで話をしていた。

会話のテンポはとても大切だ。相手に合わせるとお互いに話がしやすくなるし、いつの間にか信頼関係が築けるから不思議である。きっとおれは、幼いなりに話すテンポを合わせることで相手との意思の疎通を図っていたんだと思う。

ゴルフは自然を相手にプレーするゲームだけど、人との接し方だって同じだ。こっちが自然に振る舞えば、相手もそうしてくれる。プロになって10勝ほど挙げた頃だったかな、元総理の田中角栄さんのキャディを務めたことがある。

所属先の社主だった小佐野賢治さんに「明日、暇《ヒマ》なら箱根へ来ないか。角さんと一緒にゴルフをやろう」と誘われた。翌朝早くにゴルフ場に行くと、すでにメンバー4人が揃っていて、おれの入る余地がない。そこで、自分から「田中さんのキャディをやらせてもらいます」と言って、バッグを担ぐことになったわけ。

角さんは50歳ぐらいの頃に、周囲から健康のためと勧められてゴルフを始めたらしい。以来、レッスン書を読み漁ったり、東京・赤坂の練習場でかなり打ち込んだと聞いた。せっかちな性格だからか、とにかくプレーが早くてね。スコアよりも1日3ラウンドから4ラウンドするのが目標だったみたいで、腕前はせいぜい90から110の間を行ったり来たりだったようだ。

「君のお陰で遂に90が切れたよ」

数ホールの間、おれは何も言わずに角さんのプレーを見ていた。ある程度のショットのバラつきはやむを得ないが、コースマネジメントというか、攻め方が無頓着《むとんちゃく》でもったいないと感じるゴルフだったので、「先生、ここは5番でなんか打っちゃだめです。8番で右のバンカーの手前を狙って下さい」とか、「このアプローチは転がした方が無難です」という具合にアドバイスしてみると、その後はなかなか上手くいった。

もちろん、全てがアドバイス通りに運んだわけじゃないけれど、おれの立てる作戦なり、攻め方の意図が分かってきたのか、角さんはあの特徴的なダミ声で「君は結構、ゴルフが上手そうだな」と言う。きっと研修生か何かだと思っていたんだろう。

おかしくてしょうがなかったが、そのままキャディを続けると、

「今日は黙って君が選んだクラブを使うから90を切らせてくれ」と言う。

「いいですよ。ホントに私の言う通りに打って下さいよ」

「おお、その代わり80台だぞ」

そこからはおれが全てのクラブを選び、パットのラインも読んだのだけど、結果的に前半を42だか43という角さんのベストスコアで回れた。大喜びする角さんに、「先生、半分だけ良かったからって喜ぶのは早過ぎます。今日は絶対に90を切ってもらいますから」とハッパをかけた。すると「ヨッシャ！」と一国の総理を務めた人物がどこの誰だか分からない男のアドバイスに一切、逆らうことなく真剣にプレーしたのである。

後半はスコアを意識し過ぎたせいか苦戦したが、トータル88でホールアウト。すぐさま握手を求められ、「ありがとう、ありがとう。君のお陰で遂に90が切れたよ」と喜色満面だった。おれも自分のことのように嬉しくなって達成感に浸っていると、角さんが

小佐野さんに言った。

「賢ちゃん、この男、なかなかゴルフが上手いぞ。見込みがあるから面倒みてやりなよ。わしがプロになることを保証するから」

それを聞いて皆がひっくり返って笑い転げていると、

「おい、青木よ。お前は今、何勝ぐらいしてるんだっけ？」

笑顔で小佐野さんが聞いてきた。

「えーっと、10勝はしていますね」

すると角さんは、

「ん……？　そうか、そうか。どうりで上手いはずだな！　ワッハッハ」

と、クラブハウスへ戻って行った。

それにしても、何とも温かみがある無邪気なお人だった。もっとも、お互いがざっくばらんに気持ちをオープンに接したからかもしれない。

自然体でコミュニケーションを取ると、地位や名誉なんて関係なくなるものなんだね。

そんな人付き合いを、これからもしていきたいものである。

Ⅲ　プロゴルファーの妻

夫婦円満の秘訣

今でこそ、トーナメントで優勝を決めたグリーン上の選手にその奥さんが駆け寄って抱擁するシーンは珍しくない。しかしながら、20年以上前の日本ではありえなかった。

ところが、海外のツアーに出るようになって驚いた。選手の奥さんたちは、様々な形で夫のプレーを支えていたからだ。ちょっとした食べ物や飲み物を絶妙なタイミングで差し出したり、ラウンドの流れを読んで励ましの言葉や、やる気にさせる声援を投げかける。プレーが終われば、「パットが入らなかったのは頭を上げるのが早過ぎたからよ」とか、「ショットが曲がったのはいつもよりトップが浅かったんじゃないかしら」なんてアドバイスまでしていた。

あのジャック・ニクラス選手ですら、「妻の助言でどれくらい立ち直ることができたか分からない」というコメントを残しているほど、米ツアーには「内助の功」にまつわるエピソードは幾らでもある。奥さんたちにも〝夫と一緒に戦っている〟という連帯感があるから、優勝ともなれば駆け寄りたくなるのも当然だ。

忘れもしない、おれとカミさんが結婚するきっかけもグリーン上だった。１９７８年の『世界マッチプレー』で優勝した時のことだ。翌日の新聞には「青木、イギリスで世界初制覇」という見出しと共に、おれが女性を抱きしめてキスする写真が掲載された。その女性こそがカミさんになるチエで、当時は離婚協議中だった。だからチエは、「これはまずいことになった」と思ったそうだけど、おれは〝これも人生の巡り合わせなんだ〟と腹を括《くく》るところがあった。

振り返ると、彼女とは知り合う以前から不思議な縁でつながっていた。おれが初優勝した時に投げたウイニングボールが、観戦に来ていたチエと当時4歳だった娘のジョエンの足元に転がったという。もちろん、その時はお互いに面識もなかったのだけど、後で考えてみると、あのボールは「運命の赤い糸」ならぬ「運命のボール」だったように思えてならない。

その後もチエとは様々な場面で巡り合い、自然な流れで付き合い始めて一緒になった。カミさんは「イエス」「ノー」のハッキリとした性格だから居心地が良かった。自分で言うのもおかしいけれど、若い頃のおれはハチャメチャで、そんな彼女に甘えていたのか、当時は本当に苦労をかけた。
何度も喧嘩はしたものの、互いにそれを引きずるようなことはなかった。「喧嘩するほど仲が良い」というけど、おれに言わせたら「女房が怒ったら夫は我慢」「夫が怒ったら女房は我慢」である。その割合は夫の我慢が8対2ぐらいだけど、おれの経験では、夫婦っていうのは最終的に夫が先に謝るようにできているね。
結局は「かかあ天下」が夫婦円満の秘訣じゃないかと思う。女性の方が観察力に優れているのか、勘が良いのか、夫の色々な部分を知っているし、どうやったって口では敵わない。「さっきファンの方がサインを欲しがった時に冷たくあしらったでしょ。ちゃんと笑顔で接しなさいよ」と叱られれば、最初は「ハイ、ハイ」っていう具合に聞いている。だけどもよくよく考えてみると、「やっぱりカミさんの言ってることは正しい」って反省させられることが多い。

神様みたいな「カミさん」

ところで、おれがチエを「カミさん」と呼ぶようになったのは、彼女を「神様みたいな存在」に感じるところがあるからだ。一緒になって35年。今でもゴルフ以外のことは任せっ切りだ。それこそ2人で海外ツアーへ出ると、英語が堪能な彼女がホテルの予約から現地での車の運転、通訳までこなしてくれた。

インターネットなんてない時代。転戦先では食事の場所を探すのさえ大変だったと思う。スポーツ選手にとって、面倒なことを考えずに済む環境は大切なんだけど、おれの場合はカミさんがそれらを全て1人でこなしてくれた。だからおれは、ゴルフだけに打ち込めたのである。

それだけじゃない。ラウンド中におれがカッカしていたり、思うようにプレーができていないと、コースの外から平気で「下手くそ！」って声をかけてきた。最初は「うるせぇ！」って返したりしていたが、面白いもので、そういうやり取りが逆に自分を冷静にさせてくれた。

ジャックと最後まで競った末に2位に終わった1980年『全米オープン』の最終日も、4番のショートホールに向かう途中で「イサオ、何やってるのよ。自分のゴルフをしてないわよ！」という声が耳に入った。ギャラリーで賑わう喧騒の中で、よくあの言葉だけ聞き取れたと思う。お陰でおれは我に返り、以降はプレーに集中することができたのである。

「プロゴルファー青木功」を、ここまでの男にしてくれたのは間違いなくカミさんだ。「あんたは都合のいい時は自分でやるけど、そうでないと私に任せる」っていつも文句を言う。だけど、彼女はいつも最初におれのことを考えてくれているのだ。

ただ、それだけに娘のジョエンには申し訳ない気持ちが残った。10歳前後という母親が必要な時期にも、おれが海外へ行く時はカミさんの母親や妹に預けっぱなしだった。2004年の「世界ゴルフ殿堂」入りの式典で壇上に立った際、そのジョエンとカミさんが涙を流しているのが見えた。

その瞬間、おれも「初優勝した時からこの2人に見守られてきたんだ」と、感極まって涙が溢れた。

プロになって50年。泣いたり笑ったりしながらここまでやってこられたのも、カミさんと娘との生活があったからだ。

おれが今、心の底から幸せな人生を送っていると感じられるのも、全ては2人のお陰である。

13 Hole チャリティとは何か

Ⅰ 「ゴルフを通じて社会貢献を」が合言葉

「実るほど頭を垂れる稲穂かな」

プロゴルファーになって50年。自分の力だけでは、こんなに長くゴルフ一筋にやって来られなかったと思う。

クラブやボールを提供してくれる用具メーカーをはじめ、CMのスポンサーやトーナメントの主催者、それから、いつもおれのワガママを聞いてくれる事務所のスタッフや、なによりも大切な家族。色んな人々のサポートがあって今の自分があり、70歳を過ぎて現役を続けていられるのは、そんな方々のお陰である。

プロになって何勝かした頃、先輩から「おい、青木。『実るほど頭《こうべ》を垂れる稲穂かな』という言葉を肝に銘じとけよ」と言われたことがある。当時はその意味をあまり理解していなかったけど、歳を重ねていく内になんとなく分かってきた。「おめでとう」と声をかけられて「ありがとうございます」と頭を下げるにしても、その時の気持ちというのかな、5勝した時より10勝した時の方が確実に感謝の想いが強くなった。

おれはゴルフ以外のことは何も出来ないけれど、青木功という人間を〝一角《ひとかど》〟の男に育ててくれたのは、ゴルフ以外の何物でもない。だから、そのゴルフを通してお世話になった人への恩返し代わりに「少しでも社会の力になれないか」と考えるところがあった。そういった意味では、ジャック・ニクラス選手と最後まで競り合い、惜しくも2位に終わった1980年の『全米オープン』は、おれのゴルフ人生をガラリと変えるターニングポイントとなった。

あの試合で、日本ツアーを主体に戦っていたおれが、米ツアーのシード権を手にすることができたのである。ただ、日本ツアーにも米ツアーにも「規定試合数」っていうのがあって、日本は年間16試合、アメリカは15試合ぐらいを必ず出場しないと、幾ら成績が良くてもシード権を維持することはできなかった。つまり、おれは両ツアー合せて30以上の試合への出場が求められた上、賞金ランキングの上位をキープしないと翌年のシード権を失う可能性があった。

そういう厳しい状況にあっただけに、アメリカ行きの際には周囲から散々、「本当に飛び込んでいくのか」なんて言われた。

だけど、おれはせっかくのチャンスを棒に振りたくなかったので、翌年から本格的にアメリカを転戦し始めたのだ。

アメリカのチャリティ活動

1ドル＝200円以上という今とは比べものにならないほどの円安の時代。おれの稼ぎが不安定ということもあって、カミさんと2人で毎週のように安いモーテルを探しながら旅をした。コースと宿泊先を往復するだけの生活だったけど、日本にいる時よりも遥かにゴルフに集中できた。当初は何かと勝手が分からず、自分のプレーだけで精一杯だったけど、2年、3年と時が経つにつれて、ツアー全体の雰囲気にも慣れてきた。

それぐらいの時期に『ボブ・ホープ・クラシック』という試合に出場した。コメディアンのボブ・ホープ氏が大会のメインホストを務め、1組にプロ1人、そこに著名人を含むアマチュア3人で5ラウンドするユニークな大会だった。

おれは「面白いことをやるもんだなあ」と関心すると同時に、型に縛られない米ツアーの懐の深さを感じた。他にも、『ビング・クロスビー・プロアマ』という有名スポーツ選手や、セレブリティが参加する大会などもあって、「日本でもこんな感じの試合があれば良いのになあ」と、心のどこかで思っていた。

また、チャリティ活動が盛んなアメリカでは、ゴルフツアーでも「Giving Back」という活動を行っていて、トーナメントで得た収益の一部や様々な活動を通して、これまで100億円以上ものチャリティがなされていると知った。難病の撲滅活動に寄付したり、開催地周辺の学校に書籍を贈るなど、様々な基金や団体に寄付しているそうだ。実際、おれが現地に参戦していた時も色々なチャリティを目にしたし、協力もしてきた。プロとして競い合う選手たちが、利害関係を抜きに一丸となって協力し合う姿は本当に素晴らしいと感じたものだ。

アメリカではこういうイベントは盛んに行われているが、残念ながら日本ではまだまだ浸透していない。日本ツアーでもチャリティを謳っている試合はあるが、それはあくまでトーナメントの付属イベントという位置付けの場合が多く、決してメインではない。お国柄もあるかもしれないが、日本と欧米では、ボランティアとかチャリティに対する考え方が根本的に違うのかもしれないね。

ゴルフを通じて社会に恩返しできるなんて、こんな素晴らしいことはない。「困っている人を助けたい」とか大袈裟なことじゃないけど、アメリカツアーへ参戦したことで、おれの中にも「自分も何かの役に立っているんだ」というチャリティ精神が芽生えたのである。

Ⅱ 「東日本大震災」の被災地で考えた

「レジェンド・プロアマ」の意義

アメリカのシニアツアーに参戦してから、大親友のテルちゃん（日野皓正）とニューヨークで開催された、ミュージシャンが集まるチャリティコンペに参加する機会があった。そこで、人々がチャリティという一つの目的に向かって頑張っている。その姿に心を打たれてね。テルちゃんと「こんな雰囲気のイベントを日本でもやりたいね」「いつか日本でもこんな試合をやろうよ」と、ずっと構想を練った。

そんなこともあり、おれとテルちゃんが先頭（実行委員）に立って「ひとまずスタートしてみよう」と、2009年から『ザ・レジェンド・チャリティプロアマトーナメント』というイベントをスタートさせた。「何か社会に貢献ができないものか」と悩んだ末、「日本の未来を担う子どもたちのために立ち上がろう」と決めて、病気と闘う子どもたちの支援に始まり、2011年からは東日本大震災で家族を失った孤児や遺児を支援する団体や基金にも寄付をした。嬉しいことに2年目からは、「子ども達に勇気と希望を与えるお手伝いができるなら」と、野球界のレジェンドである王（貞治）さんも実行委員に加わってくれた。

ただ、開催には想像を大きく超える費用が必要だと分かった。それまでは詳しく知らなかったのだけど、いざ主催者側の立場になると、ゴルフ場を借りる費用から駐車場用地の整備費用、仮設トイレの設置費用などなど、それこそゴミ箱一つでも置く場所が増えれば出費が嵩む。

あれこれ含めると2日間のイベントでもツアー優勝賞金の数倍以上の資金が必要だったのである。

ギャラリーを入れなければ、もっと安く済むのかもしれない。でも折角、一流のプロゴルファーや芸能人、スポーツ選手、文化人といった著名人が参加するのだから、多くの人に来て欲しいと思った。

そうはいっても、全てを手弁当で賄うことはできない。そこでスポンサー企業を探し始めたのだけど、最初の数年は見つけるのが本当に大変だった。それが開催を2回、3回と続けていくうちに賛同の輪が広がって、スポンサー企業だけでなく、参加してくれるプロゴルファーや著名人、そして多くのボランティアが集まるようになってきた。

最初は手探りの運営だったけど、参加者の皆さんがオークションのために私物やグッズを持ち寄ってくれたり、プロゴルファーの奥様たちが物販の手伝いまでしてくれた。とにかく関わった人たちが文字通り手弁当で協力してくれたのだ。

もちろんトーナメントだから試合の勝ち負けも大切だけど、参加者全てがそれぞれに何らかの形で運営に携わるからこそ、「社会に貢献している」という意識が持てるようになったんだと思う。

大人の責務

お陰で、チケットの売上や、参加者が持ち寄るチャリティグッズの販売で募った寄付金はこれまでの6年間で2億5000万円余りに達した。それらは、子ども病院、小児がんの研究費、東日本大震災で家族を失った孤児や遺児を支援する団体など、未来を担う子ども達の元へ届けることができた。でも、チャリティは「お金を寄付したら終わり」じゃない。実行委員のおれたちは、趣旨に賛同してくれた人たちからお預かりしたお金が実際にどう使われているかを把握しないといけない。

そこで、2014年10月におれとテルちゃんで東日本大震災の被災地である岩手県と宮城県、そして福島県を訪問した。各県の知事や担当者とお会いして復興の現状や今後の見通しを伺ったり、寄付先の一つである『子どもの村東北』（宮城県）の建設地を訪れた。それにより、これまでのチャリティ活動が何らかの形になっているということを確認することができた。

それにしても、2日間でこれほどのチャリティ金が集まるゴルフイベントはないだろう。それもこれも、協賛企業や参加してくれたプロゴルファー、そして2日間も時間を割いてくれた著名人や多くのアマチュアの皆様のお陰である。

なかなか景気が回復しないこともあって、未だにスポンサー探しには苦労している。しかしチャリティ活動は継続することに意味がある。「社会貢献」と言ったら少し口幅ったいけど、どんな形にせよ人々への感謝の念や思いやりの気持ちは常に持たねばならない。最近は〝自分だけ幸せならそれで良い〟っていう風潮の世の中になってしまったが、やはり困っている人がいたら助けてあげなきゃね。ましてや子どもたちへの支援は、我々、大人の責務なんじゃないかな。

偉そうなことばかり言っているようだけど、6年間で少しずつこのイベントも認知度が上がってきたわけだし、この火を絶やすことなく長く続けたいと思っている。それがこれまでお世話になった方々への感謝につながるなら、おれはどこへでも頭を下げに行くつもりだ。これからも多くの子どもたちが、毎日を笑顔で過ごせるような社会作りに貢献できるよう頑張って行きたい。
今後も千葉県佐倉市の『麻倉ゴルフ倶楽部』で開催する予定なので、多くの方々に、是非コースへ足を運んで欲しい。

『ザ・レジェンド・チャリティプロアマトーナメント』
公式ホームページ：http://thelegendgolf.com/

14 Hole 「挑戦」はやめられない

I　我慢の日々をチャンスに変える

ゴルフができない

「ゴルフの神様、ありがとう。やっと、この場所に戻って来られました」

左膝の内視鏡手術をしてから約4カ月ぶりの試合となった、2014年の『コマツオープン』初日。石川県小松市の『小松カントリークラブ』のスタートホールのティグラウンドに立ったおれは、嬉しさの余り、心の中でそう呟《つぶや》いていた。

50年間のプロゴルファー人生で、これ程ゴルフクラブを握らなかった期間はない。ゴルフ中心の生活であるおれが、そのゴルフをできなかったのである。それはもう、想像以上に辛くて厳しい時間だった。

40歳を少し過ぎた頃だったかな、一度だけ数週間ほどゴルフができない時期があった。

米ツアーの転戦中に右肘を痛めてどうにもならず、多くのメジャーリーガーを診てきたスポーツ医学の権威として世界的に有名なフランク・ジョーブ博士の診察を受けた。

結果は酷使による腱鞘炎だったけど、「6〜7週間は安静に」と言われて、しょうがないから日本に帰ってゴロゴロと過ごした。ところが、日本ではちょうど男子ツアーが始まった頃だったので、テレビをつけると試合が中継放送されている。自分がその場にいないもどかしさに苛立っていると、見かねたカミさんが「日本を出て、ハワイへ行きましょう」と誘ってくれた。

ハワイに着いたはいいけど、ボケーッと部屋で休んでいても身体が鈍るから、パター練習なんかを始めた。そのうち、やっぱりコースに出たくなって、「おれがキャディをやるからゴルフ場へ行こう」とカミさんを誘ったんだけど、コースに出ると、つい「ああだ、こうだ」と口にしてしまう。仕舞いにはカミさんに「あんたはうるさいから、やっぱりテレビでも見てなさい」って怒られた。

会社員が上司から「会社に来ても仕事はしなくて良いよ」と言われたらあんな感じなのかな。とにかく、自分の居場所を奪われた気分だった。

おれたちの世代は、痛い部分をかばいながら自分で治すことを身体が覚えている。

そのせいか、安静が必要だと分かっていても、どこまで動かせるか感触を探るところがある。人の身体っていうのは頭の天辺から足の先まで数えきれない〝部品〟でつながっているわけで、どこか1カ所に故障が出ると全体的にバランスが悪くなる。つまり、ケガをしてその部分だけを過剰に意識してしまうと、他の部分まで悪くしかねないのである。だから、この時も左腕だけでアプローチ練習をするなどちょこちょこ身体を動かしていたら、結果的に3週間ほどで完治させることができた。

そんな経験があったので、今回もある程度は早く治せると思っていた。しかし、さすがにこの歳になると色々怖くなるものだ。「ちゃんと治さないとこの先がない」とか、「もう1回、ケガをしたら終わり」と本能的に感じたので、ボールを打ちたい気持ちを抑えて、とにかくひたすらリハビリに励んだのだ。

太くなった足

とくにゴルフは、腰から下にある関節が現役を続けるための〝命綱〟と言っていい。スウィング中に上半身のパワーを受け止めるのも、身体の回転を補うのも下半身である。

中でも膝はクッション的な役割、車でいうサスペンションに相当する。だから当然、こいつがしっかり機能しないと他の部分までガタが出てくる。

舗装された道路でスピードを競うレーシングカーのサスペンションは硬いが、悪路を走るオフロード車は逆に軟らかい。ゴルフは傾斜地も歩いて、時にはそこからボールを打たなければならないスポーツだから、そのサスペンション能力がショットの精度を大きく左右する。スウィング中の粘りというか、踏ん張る力というか、要は膝で全体のバランスを保っているのだ。言い換えれば膝を軟らかく使えないと、スウィングが安定しないのである。

それだけに、主治医からは「3カ月ぐらいでボールを打ってもいいよ」と言われてはいたんだけど、大事を取ってリハビリだけをこなしていた。もちろん、半月板は鍛えられるものじゃないが、周りの筋肉を強くすれば、ガタのきているおれでもまだまだやれると信じて、繰り返し繰り返し、リハビリを続けた。すると、どうだろう。先生が「青木さん、凄いですよ。ケガをする前より足が太くなっています」と言う。

これには驚いた。幾つになっても人間の筋肉って成長するものなんだね。これはおれの持論みたいなものだけど、人間の身体はケガをすることで、一皮も二皮も剝けて強くなると思っている。ケガをして初めて、「自分がすべきことをしていなかった」「ここが弱かった」ってことに気が付くし、もう一度鍛え直して「前より良い状態で復帰するんだ」という気持ちにもなれるからだ。そういう意味では、ケガをしても逆に「良いことも入ってくる」と、プラス方向に考えるべきなんじゃないかな。

そんなわけで、約4カ月ぶりに挑んだ試合はプロになって初めてトーナメントに出場した時のような新鮮な気分で迎えられた。ただ、〝どんな結果になるんだろう〟というより〝3日間、最後までプレーできるんだろうか〟という不安で一杯だった。

それが、である。スタートアナウンスで自分の名前が呼ばれてギャラリーから温かい拍手を受けたら、辛かったリハビリやボールを打てない我慢の日々の記憶がスーッと頭から消えていった。周囲の空気はこれまで感じたことのないほど、とてもさわやかで、おれは自分のいるべき場所に戻って来られた喜びを嚙み締めつつティショットを放ち、また歩き出したのである。

Ⅱ　信念を曲げない

好奇心と闘争心

今でこそ当たり前のように、ゴルフを始め野球、サッカーなど様々な分野で海外に挑戦する日本人選手が増えている。ビジネスの世界でも同じだろうが、新しい土地で新たな開拓をするには、強い好奇心と闘争心がなければいけない。

おれが初めて国外でプレーしたのは26歳の時だ。フィリピンを皮切りにシンガポール、マレーシア、タイと順番に東南アジアの4カ国を回り、日本で最終戦が行われる『アジアサーキット』というツアーだった。

もともと好奇心が強いから、何もかもが新鮮でとにかく楽しくてしょうがなかった。日本から参戦した十数人の選手の中で、5試合全てで予選を通ったのはおれだけだったと思う。そのせいでおれは「海外は相性が良い」と思うようになり、「これなら本場の米ツアーへ行っても大丈夫だろう」って自信満々だった。まあ、我ながら本当に単純な性格である。その後、1973年に『日本プロ』を含めて年間6勝を挙げると、その翌年には『マスターズ』など海外の試合から招待を受けるようになった。米ツアーの初戦は1974年の『ハワイアンオープン』だったのだけど、当時は「アメリカの本土」という認識がなくて、飛行機の窓から島々を見て「アメリカってこんなに小さいのか」と呟いたことを覚えている。

コースに出ると、日本とは異なる芝質や空気、広々としたレイアウトが広がっていて、とにかく見るもの感じるもの、何もかもが初めてだった。「こう打ったらどうなるのかな?」「ああ、これじゃダメなんだな」とあれこれ試したり、他の選手を見て「あんなして打てば良いのか」という具合に新しい発見にワクワクして、アメリカだけでなく、もっと色々な国でプレーしてみたいと思った。

いつだったか、米ツアーでなかなか勝てずに徐々に打ちのめされていくうち、「この舞台で勝ってやる」という強い闘争心が芽生えてきた。それこそジャック・ニクラスに対して周りは皆が「帝王、帝王」って持ち上げていたけど、おれは「何が帝王だよ。ゴルフをやるにおいては誰でも一緒だろ」っていう意識があった。

変に物怖じしていたら、直立不動で「あの人には絶対勝てません」って言っているようなもの。だから、「所詮、相手は同じ人間。ゴルフの技術はアメリカ人もヨーロッパ人も、みんな同じようなレベルじゃないか。あとは自分の意識だけだろ」って思って、とにかく食らいついていった。

ただ、あの頃は海外の試合へ行くと言っても、簡単に日本の試合を休める状況じゃなかった。だから、欠場する場合は後見人の小佐野栄さんを始め、日本プロゴルフ協会の鈴木源次郎会長なども一緒にスポンサーの所へ行って「よろしくお願いします」と頭を下げてくれた。

とくに『札幌とうきゅうオープン』は『全米オープン』の日程と重なるので、東急グループの社長だった五島昇さんには「すみません。欠場させて下さい」と、よく謝りに行った。五島さんは「まあ、頑張ってこいよ。でも頑張り過ぎるなよ。お前があっちで活躍すると、ウチのトーナメントの影が薄くなるからな」と、冗談交じりに応じて下さり、快く送り出してくれた。

外務大臣に直談判

こういう人たちがいなかったら、おれは世界に挑戦できなかっただろう。そんなわけで「海外に行くからには、もっと日本の試合を大事にしなきゃいけないな」と思うようになった。だから、ニクラスと最終日まで優勝を争った1980年の『全米オープン』の時も、翌週の『宇部興産オープンゴルフトーナメント』にエントリーした。火曜日の午後4時頃に帰国してすぐに記者会見をやって、その足で福岡まで飛び、そこから車を走らせて山口県のコースに着いた時はすでに真夜中になっていた。

数時間後にはプロアマが控えており、翌日から試合が始まるというスケジュールでも「これはプロとしての義務。言い訳はできない」と、フラフラになりながら頑張ったものだ。

1984年だったかな。ゲーリー・プレーヤー選手から南アフリカで開催される『サンシティ100万ドルトーナメント』という試合に招待された。当時はアパルトヘイト（人種隔離政策）で国際社会から孤立していて、日本政府もスポーツや文化の交流を禁止していた。

でもおれは「ゴルフのある国ならどこにでも行く」という考えだったし、「スポーツに国境はない」と思っていたので、出るという気持ちは全く揺るがなかった。

メディアは連日のように「行くべきではない」「青木は何を考えているんだ」などと厳しく取り上げた。右翼団体からは街宣活動を受けたし、衆議院の予算委員会でも取り上げられるなど、世間の風当たりはとても強かった。外務省や文部省、日本プロゴルフ協会からも再三に亘って辞退するよう勧告されたが、おれは突っぱねていた。すると、外務大臣だった安倍晋太郎さんに呼び出された。

「青木君。どうしても行くのかい？」

「先生、行かせて下さい！　人種差別が悪いのは分かっています。でも、それとゴルフは関係ないでしょ」

「オマエは頑固だなあ。おれが行くなと言っても、行くと言った以上は行くんだろう。それなら仕方がない」

と、渡航を認めてくれた。おれの気持ちが通じたのかもしれないけれど、今考えると外務大臣に直接渡航許可のお願いをするなんて珍しいよな。

いずれにせよ、スポーツやビジネスでも、海外へ出たら自分の信念を曲げちゃいけない。要はどんな時でも〝自分は何のためにその場所にいるのか〟という本質を見極めて行動しなければならないのだ。

15 Hole 楽観主義が運を呼ぶ

Ⅰ　自分本位に考えよ

ストレスなくプレーするために

知り合いからよく、「青木さんは強運の持ち主だ」と言われる。
自分ではそこまで意識したことはないけれど、そもそもプロテストの費用をギャンブルで調達したぐらいだから、少なくともゴルフに関する運は持っているんじゃないかと思う。もしもあの時に負けていたらどうなっていただろうか。一つ間違えば今のおれはなかったと考えたら、何だか恐ろしい。

１９６４年当時、プロテストを受けるのには会場までの交通費やら、宿代、プレー代、それに食費などを考えると、５万円ぐらいは必要だった。少しずつでも貯金していれば何とかなったのかもしれないが、〝その日暮らし〟みたいな生活をしていたおれには、当然まとまったお金もなく、手元にあった小銭を掻き集めてみても、やっと5000円になるかならないかという程度だった。

それでもどうにかお金を工面しないと折角のチャンスを逃してしまう。家族や仲間に借りればいいのに、あの時は自分で何とかしたくてね。なけなしのお金をポケットに突っ込んで、「負けたら借金すればいいじゃないか」と、自分に言い聞かせて競輪場に出かけた。

若さというか、何も考えていないというのか……。振り返ると決死の覚悟というよりは、半分開き直っていたと思う。でも、運って面白いもので、本当に必要な時に必要な分だけが巡って来たのだった。

場内に入ると、まずはその日の出目を見て色んな数字をごちゃ混ぜにして数レース買ってみた。すると幸運なことにその中の穴車券が当たって、手持ち資金が3万円ぐらいになった。いつものおれなら次のレースも買ってしまうところだったけど、「ん？　待てよ。ここで止めて、足りない分の2万円を借りれば何とかなるかもしれない」と踏みとどまった。これもまた一つの運命だろう。

そんなわけでプロテストを受けられて、その年に合格できたのである。

プロテストの費用をギャンブルで用立てたなんて、後にも先にもおれぐらいだろう。だけど、ゴルフはある意味で博打みたいなところがあると思う。ばんたび運任せというわけじゃないけれど、トーナメントで勝つには実力だけではなく多少の運も必要だ。どこでどんな運に恵まれるか、あるいは不運に遭遇するか、それはプレーしてみないと分からない。だけど、流れの良い時はミスがミスにならずにストレスなくプレーできるから不思議なものだ。

そんな日は、ティショットを曲げても木に当たってボールがフェアウェイに戻ってきたり、林に入ったボールがグリーンを簡単に狙える開けた場所にあったりする。4日間プレーしている中で何度かそんな1打に出くわすと、「今週はツイているぞ」と気持ち的にも余裕が生まれて、嫌な雰囲気がなくなるから好スコアにつながる。

逆に、自分では会心のショットと思っているのに最悪の結果を招くこともある。こればかりは運の巡り合わせだから、どうにもできない。ただ、「どうにもできないけれど、どうにかしたい」と懸命に願うからか、プロゴルファーの中には「ズボンは左足から穿くようにしている」とか、「プレーする前の晩は決まった物を食べる」というようにゲンを担ぐ人も意外と多いのである。

「816」は「ハ・イ・ル」

おれは根っからのプラス思考だから、そこまで運を何かに委ねるようなことはしない。だけど、代わりにその時々で何かを見つけては自分本位に捉えるところがある。「バーディをたくさん取れるように今夜は鶏（バード）にしよう」と晩飯の場所を決めたり、前を走っている車のナンバープレートが「816」だったら、「ん!? 明日はハ・イ・ルかもしれないな」と勝手に良い方に考える。

ただのゴロ合わせのようなものだけど、要は自分にプラスになることだけを言葉にすると意外に効果がある気がするんだ。まあ、運を呼び込むおまじないみたいなものだね。ゲン担ぎとは少し違うけれど、おれはジンクスというのも自分の良い方にしか考えない。本来、ジンクスとは悪い方に捉えるものだろうけど、おれは自分勝手だから、何でもかんでもプラスにしか考えないわけ。

例えば、仲間と一緒に海釣りに行って鯛を釣り上げた時に、「縁起が良いから今年は勝てるんじゃないか」と周りが言うと、おれもその気になる。人間、その気になればいつも以上の実力を発揮できるものなのか、その鯛を釣った1983年には、それまでずっと勝てなかった『日本オープン』で初優勝できたのである。

こうなると、おれは「そうか、鯛を釣れば勝てるんだ」と思ってしまう。それから随分と後だけど、2007年に同じ場所で鯛を釣り上げたので「よーし。もう、おれのもんだ」とばかりに『日本シニアオープン』へ行ったら、最終日にエージシュートを出して逆転優勝だものね。

また、1973年にスペインで行われた『ワールドカップ』に出場した時に闘牛を観戦した。闘牛士が持つ赤い布があまりに強く印象に残って、見ているおれまで闘志が湧いた。以来、「ここ！」っていう最終日には赤いウェアを着るようになった。タイガー・ウッズ選手が同じようなことをしているみたいだけど、あれはおれを真似ているんだよ、きっと。

まあ、つくづくおれは自分本位の楽観主義なんだな。でもさ、失敗や苦労をそのまま悲観的に考えていたら、ストレスが溜まるだけでしょ。それに、物事を悲観的に考えるようになると、運が自分の前を素通りしちゃう気がしてならない。だからおれは自己暗示をかけるように、良い方に良い方にしか考えないのである。

Ⅱ　良い〝流れ〟の引き寄せ方

松山英樹はなぜ米ツアーで優勝できたか

ゴルフには、目には見えない〝流れ〟がある。言葉で説明するのは難しいけれど、スコアやショットの浮き沈みとかちょっとした運、不運など、スタートホールから最終ホールまでの中に潜んでいる。要はバイオリズムみたいなものだ。

面白いもので、流れが良い時はミスがミスにならず、悪い時は何をやってもうまくいかない。思いもよらぬスーパーショットが出るのは良い流れにあるからだろうし、フェアウェイのど真ん中に打ったボールがディボット跡にはまったりするのにも、少なからず〝流れ〟の影響がある。

結局のところ、全ては結果次第だが、こいつばかりは自然の成り行きなので、幾ら技術があっても自分ではどうすることもできない。ただ、長年トーナメントで戦っていると「このショットは今後の流れに影響するな」というようなシチュエーションに気づくことがある。だいたい、ピンチとチャンスの間に潜んでいて、目の前のチャンスを逃せばそれまでの流れが断ち切られるし、ピンチを回避できれば新たなチャンスが巡ってくる。少なくとも、18ホールの中で何回かはそういう場面に出くわす。

アマチュアには、ラウンド後にその日のプレーを振り返って「あそこのダブルボギーからガタガタになった」とか、「池ポチャした後はまったくダメだった」とミスを悔んで、それが原因となって良い流れでプレーできなかったと思う人も多いのではないか。確かに後から考えれば、そういう1打のミスで流れを止めてしまう場合もある。でも、良い流れに乗れるか悪い流れになるのかは、その場面でどんな判断をするのか、或いは気持ちや意識を切り替えられるかによるところが大きい。

もちろん、プレー中にここが流れを左右する場面だと気づくには、ある程度の実戦経験が必要だ。おれも先輩プロから、「場数を踏んで経験を積んで技術を覚えるしかない」と教わった。でも、最近活躍している選手たちを見れば分かる通り、昔と比べて明らかに10代後半から20代前半の選手が多い。おれたちの世代が何十年もかけて培ってきた実戦経験を、今の若い選手たちはあっという間に追い越してしまうのだ。

クラブの進化で技術的な差が縮まったこともあるが、幾つかある理由の一つにはジュニアゴルファーを取り巻く環境の変化もあると思う。日本でも欧米のように数多くジュニアの試合が行われるようになり、それこそ各レベルに合わせた試合が全国各地で開催されて幼い頃から競技思考でゴルフを身につけられる。感受性の豊かな時期にゲームの流れや勝負所を経験できるのだから、そりゃあ上手くなるよ。

２０１４年、オハイオ州で開催された『ザ・メモリアルトーナメント』でプレーオフの末に優勝した松山英樹選手も良い例じゃないかな。

彼も４歳からゴルフを始め、２０１１年にはアマチュアながら『三井住友ＶＩＳＡ太平洋マスターズ』で日本ツアー初優勝を果たしている。それにしても、あの若さで米ツアーを勝っちゃうんだから、たいした奴だ。


「あっ、まずい！」

おれも最終日は、朝からテレビに齧り付いていた。トップと2打差の3位でスタートした松山選手は、序盤からバーディを重ねて良い流れに乗った。8番ホールでもバーディを奪い首位に並んだので、そこからは『マスターズ』覇者のバッバ・ワトソン選手との一騎打ちになるだろうと予想していた。すると、ワトソン選手が15番ホールでまさかのダブルボギーを叩いた。これで松山選手は、16番のショートホールを迎えた段階で2

位以下に2ストローク差をつけて単独トップに立った。

ここで〝勝てる〟流れに乗ったように見えたが、彼はその16番のティショットをグリーン手前の池に落としてしまった。あの時、本人がトップに立ったことを知っていたかどうかは分からない。でも、ピンを果敢に攻めていたところを見ると、気づいてなかったと思う。とにかく、あのショットで流れが変わってしまい、続く17番もボギーとして、完全に良い流れを止めてしまった。

こうなると、選手は悪いイメージを引きずってしまうもの。それこそ優勝経験の少ない選手の場合はバタバタと崩れるもので、松山選手も日本では勝っているが米ツアーでの優勝経験はない。ましてや、続く最終18番ホールでバーディを取らなければプレーオフにも届かない場面だった。

それだけに18番のティショットが命運を分けるという状況になった。

「あっ、まずい！」

彼の動きを見ると、テレビ越しにもすぐにミスショットだと分かった。18番は484ヤードと距離のあるパー4だから、フェアウェイを外したらノーチャンスである。

「可哀想だけど、もはや優勝の流れはないなぁ」と見ていると、勝利の女神が背中を押してくれたのか、なんと右に逸れたボールが木に当ってフェアウェイに戻ってきた。これで絶体絶命というピンチから、大きなチャンスへと流れが変わった。本人もボールが出てきた瞬間、「よーっし！」と気合の入った表情になった。

何より圧巻だったのは、続くセカンドショットだ。

慌てず冷静に自分のテンポでスウィングすると、見事にピンの下側2メートルに寄せた。あれがなければプレーオフもなかったのだが、きっと松山選手は打つ前の時点で悪い流れを断ち切れたんだと思う。

運が味方した部分もあったろうけど、これまでの経験から「最後まであきらめない」っていう気持ちが強かったに違いない。

目には見えない勝負の流れを自ら引き寄せた、メンタルの強さが光る劇的な勝利だったね。

16 Hole

反・ゴルフ論

I　不器用な人こそ上達する

ゴルフに向いている人とは

おれは身体が大きい。腕は長いし、手だってでかい。東京タワーが完成した1958年頃は、背がヒョロッと高かったからか、〝タワー〟と呼ばれていた時もあった。

そんなわけで、昔から不器用そうに見られるけれども、意外と手先は器用な方だ。昔は近所の山で手頃なサイズの枝を見つけ、それを肥後ナイフで削ってオリジナルのティを作ったし、釣りで使うウキも自作していた。

貧乏人の知恵というか、とにかく何もない時代に育ったからこそ、そこいらに落ちている物で独自に何かを作って遊んでいたのだ。

そこへいくと、現代っ子は小さなパソコンのキーボードをいとも簡単に打ち込むし、豆粒ほどの大きさしかない携帯電話のボタンをほとんどミスなく操作している。おれには到底真似できないけど、逆に彼らはナイフを使って遊び道具を作ったりはできないだろう。時代と共に「器用さ」のあり方も変わるのかもしれないが、物の進化が加速する時代に、とっかえひっかえ対応しなければならない今の子どもたちは大変である。

さすがに今ではナイフを使うことはないけど、代わりに爪切りで手先を使っている。おれは知る人ぞ知る究極の深爪をする。手が大きいからクラブを握った時に、爪の先が手の他の部分に当たるのが不快でね。それで知らないうちに深爪をするようになって、今では爪が伸びていなくても周りの薄皮を切って綺麗にしないと気が済まない。ここまでくると、趣味というか、もはや習慣みたいなもの。それこそ出かける時に家の鍵は忘れても、爪切りだけはいつもしっかりとポケットに入っている。

フロリダ州セントオーガスティンの「世界ゴルフ殿堂」には、殿堂入りを果たした選手を称える「メンバーズロッカールーム」という展示スペースがある。それぞれの選手が実際に使用していたゴルフクラブや縁《ゆかり》の品々が展示されているのだけど、2004年におれがメンバー入りをした時、施設の関係者から何を展示するかという問い合わせがあった。

参考までに、他の選手の展示品を聞いてみた。すると、自分が好きだったウェアやネーム入りのボール、趣味の物なども展示していると言う。それで何を入れようかと色々考えたあげく、大好きなヘラブナ釣り用の竿と麻雀牌、そして愛用の爪切りを送った。「世界ゴルフ殿堂」を訪れる人々は、「アオキのロッカーに爪切りが入っていたけど、なぜだろう?」なんて疑問に思うかもしれない。でもまあ、こういうのもまた違った興味をそそるだろうから、「アリ」かもしれない。

ところで、器用な人とそうでない人では、どちらがゴルフに向いているのか。おれは不器用な人ほど上手くなる素質を持っていると思う。

器用貧乏

ゴルフは自分の狙った場所にボールをコントロールするスポーツだから、身体能力があって器用な人の方が上手になると思うかもしれない。確かに上達の早さで言えば、器用な人の方がすぐにコツを掴んである程度のレベルまではいく。だけど、それから先を考えると、一概にそうとは言い切れないところがある。

というのも器用な人ほど修正能力があるから、あちこちスウィングをいじったとしても、ボールはそれなりに飛んでくれる。その結果、逆に迷いが生じて、いずれ「どのスウィングが一番自分に合っているのか」という具合に悩み出すことになる。

「器用貧乏」なんて言葉もあるけど、仕事でも器用な人は色んな業務をこなせる分、結果的に何も身についていないなんてことがあるでしょ？　それと同じである。

一方で、不器用な人は上達のスピードこそ遅いかもしれないが、一度自分に適した打ち方を覚えてしまうと、良くも悪くも調整ができない。その分、ひとつのスウィングに磨きがかけられるし、スウィングに迷いがないから不調にもなりにくい。つまり、不器用な人ほど選択肢が限られるから、ひとつのことに集中して取り組むことができるのだ。

その意味で言えばおれも不器用なタイプである。

先ほど「手先は器用」と言ったが、ゴルフに関しては不器用な方だ。これまでにスウィングを大きくいじったことはないし、クラブだって一度使い始めたらやたらと替えることもしない。そのせいか、いわゆる「どん底のスランプ」というのを経験したことがない。

かつてパーシモンヘッドからメタルヘッドへ移行しつつあった頃でも、おれは最後までパーシモンを使っていた。何とも言えない木の感触へのこだわりもあったけど、言ってしまえばメタルに替えるのが怖かったのである。要は不器用だからこそ、「今まで培ってきた感触が変わったら、おれのゴルフはどうなるのか」というように戸惑いを感じていたのだ。

最終的には、パーシモンの手入れに欠かせないラッカーが飛行機に持ち込めなくなったことでメタルヘッドを使い始めた。だけど、試打を繰り返して手に馴染ませるまでにはかなりの日数が必要だったね。

スウィングにしても、自分で作り上げた型を貫いてきた。時代によって「アメリカン打法」とか「左一軸打法」といった理論が世に出てきたけど、おれは何十年もやってきた自分の型をそっくり変えるほど器用じゃない。それに、スウィングを変えて調子が悪くなったら後悔するし、言い訳にもするだろう。

そんなこともあって、おれは自分で決めた型でやり抜いた方が納得できると思ってやって来た。だから、どんな世界でも根気よく不器用を続ける人は、最後には小手先の器用さに勝つ力を秘めていると思う。

Ⅱ　目で盗んで〝学ぶゴルフ〟

〝習う〟感覚は不要である

2014年8月に、北海道苫小牧市の『桂ゴルフ倶楽部』と、茨城県常陸大宮市の『カバヤゴルフクラブ』でジュニアレッスン会を行った。

北海道でのレッスン会は、かれこれ十数年続けていて、今では『青木功ジュニアクラブ』の恒例行事である。たった1日のレッスン会なんだけど、おれはジュニア達と接している時間が楽しくてしょうがない。始まる前は「今回はどんな子が来るのかな」「去年参加した子はどれくらい成長したのだろう」と、まるで孫に会う爺様の気持ちになる。

レッスン会だからもちろんゴルフが上手くなるに越したことはない。でも、それよりまず育ち盛りの子ども達をゴルフ場へ連れ出して新鮮な空気を吸わせ、豊かな自然環境の中で思い切り遊ばせてあげたい。最近は家に籠ってテレビゲームばかりやっている子が多いようだが、人間だって自然界の生き物なんだから自然の中で遊ばせればすくすくと育つはず。そんな想いがおれにはある。

さて、ここでのレッスンは主に練習場やコースでラウンドしながら、子ども達へアドバイスする流れになっているのだけど、最近のジュニアゴルファーには少しばかり気を使う。何故なら既に、お父さんやレッスンプロに習っている子が殆どで、それなりの理論を持っているからだ。おれが「こうしなさい」と言って、「でも、いつも教わっている先生はこうだと言っていました」って返されると回答に困るわけ。

そんな時はどうしても「いいかい。その先生にはその先生の教え方があるし、青木には青木のスタイルがあるんだ。とにかく試しにやってごらん。やってみれば二つ技術を覚えられるから。どっちが良いかは、試した後に自分で選びなさい」という言い回しになってしまう。特に型にはめ込むように教わってきたジュニアはその理論を曲げないからね。でもさ、考えてみるとゴルフスウィングに正しいなんてものはないんだよ。

そもそも何かを〝習う〟と〝学ぶ〟っていうことは根本的に違う。どちらも向上するための行動なんだけど、ゴルフの場合は手取り足取り〝習う〟スタンスが強いとそれ以上の発見ができなくなるし、自分のスタイルも作れない。

おれが初めてクラブを振った時は空振りして笑われ、「クソー、当たるまでやってやろう」という子どもも心からゴルフをスタートした。

絶対できると思ったんだけど、なかなか当たらないから、また腹が立ってね。とにかく悔しさが先だった。

でも、心のどこかで「当たるまでやったら、すごく幸せなんだろうな」と感じていた。野球で失敗しているからかもしれないけど、とにかく「おれにはゴルフっきゃない」っていう気持ちで必死に学んでいったのである。

上手いだけじゃだめなんだ

それこそ昔は〝習う〟という感覚はあり得なかった。レッスン書やゴルフ雑誌なんかも出回っていなかったし、上手な人のプレーを見て「あんなことやるのか」って思っても、怖くて直接本人に聞けない。しょうがないから、見よう見まねで試して「これは合わない」「これは合う」って自分で探るしかなかった。言葉は悪いかもしれないけれど目で盗ませてもらっていた時代だったわけ。

でも、それが本当の〝学ぶ〟っていうことなんじゃないかな。だから、誰かの技を目で盗んでまずやってみる。気が付いたことを失敗してもいいからやってみる。その、やった感覚を自分なりにどうアジャストしていくかが一番大切なんだと思う。一般の仕事でもそうでしょ。先輩に教えてもらうのを待っているようじゃ、何時までたっても成長しないし、新しい発見もない。ましてや指示を待って、それをやるだけなら誰でもできる面白くない仕事になってしまう。

そこへいくと、2014年の盆休みに『カバヤゴルフクラブ』で行った「ハイレベル合宿」では〝学ぶゴルフ〟を徹底した。『青木功ジュニアクラブ』のメンバーでも何人かはゴルフに本格的に取り組むようになり、上手な子だとアンダーパーで回ってくる腕前になった。そこまで上級者になると、これまでやっていた〝きっかけ作り〟のようなカリキュラムではレクチャーできないレベルにまで達してしまったので、数年前からこのようなプログラムをスタートしたのだ。

テーマこそ毎年変わるが、綺麗なスウィング、型にはめ込んだレッスンはせず、泥臭くても良いから強いゴルファーになって欲しいっていうおれの想いをカリキュラムに取り入れた。

4泊5日の間、いつものラウンドでは経験できない場所から練習させたり、アプローチのバリエーションを増やしたり、とにかく実戦で役に立つ色んなショットを学ばせた。多種多彩な打ち方を覚えれば覚えるほど、多種多彩なところで打たされる場面で力が発揮されるからね。

ただ、今のジュニア達は周りから「上手いね、上手いね」と教わってきているから、闘争心や挑戦心が足りないように感じる。

極端な話、ゴルフは上手いだけじゃだめなんだ。上手い子なんてタケノコみたいにボコボコそこらじゅうから出てくるもの。その中で、篠《しの》だったジュニアが細竹になって、太竹になって、根っこを揺るがされても動じないというところまで行けるかは、その子の器量や気持ちで決まると思う。

だからこそ、おれが手取り足取り教えるんじゃなく、子ども達に自ら学んで欲しいわけ。何かを覚えるってことは、結局、セオリーや型じゃなくて、自分自身で探していくものなんだよ。

Ⅲ 「人任せ」が最高の成果をあげる

信頼関係が基盤

おれはゴルフに関すること以外は無頓着だから、何でもかんでも、人に任せてしまうところがある。

普段着る洋服やら、試合用のウェアなんかは、もっぱらカミさん任せ。転戦先のホテルに着くと、まずスーツケースから1週間分のウェアを取り出すのだけど、それぞれのシャツには【練習日　クロのズボンと】【2日目　グレーのズボンと（寒い時はクロのセーターを）】という具合に、どのズボンと合わせて着るのかというコーディネートが書かれたメモが貼ってある。

彼女に言わせると、おれのコーディネートはダサいらしい。確かに自分でウェアを選んでいた時は、グリーンのズボンに黄色いシャツとか、柄物のズボンに真っ赤なタートルネックなど、原色のウェアを好んで上下を合わせていた。

加えておれはタッパがあるし、顔は日焼けしていて真っ黒。そのせいか、繁華街を歩いているとチンピラに間違えられた。通りすがりに肩をぶつけてきて「何だ、この野郎！」と吹っかけられても、おれが振り返ると相手が「ごめん」と引き下がったぐらいだった。今だからこそこんなことを言っていられるが、よく大きな喧嘩にならなかったと思うね。

それが、カミさんと一緒になってからは全て彼女が用意した物を着るようになった。スウィングが窮屈にならないウェアであれば、自分では絶対に選ばないような柄のシャツでもズボンの形でも、文句は一切言わない。一旦、任せたからには口を挟みたくないのだ。

そもそも、何かを人に任せるってことは、相手を信用しているからである。信頼の基盤がある。でも、その人に何かを頼んでおいたのに、後からあれこれ口を出し始めたら、互いの信頼関係が薄れていく気がする。

これは上司と部下の関係でも同じだろう。「おい、この仕事は任せたぞ」と、指示を出してから「こうしてくれ」とか「ああしてくれ」って細かく言い始めたら、きっと受けた方は「じゃあ、最初から全部自分でやって下さいよ」となるのがオチである。

もし、おれが上司の立場であれば状況だけは把握したいから「こないだ頼んだやつは、どうなってる？」と、聞くかもしれないけど、中身に関してはとやかく言いたくない。それで部下が期日を守れなかったり、内容が想定していたものと異なっていても、それは指示を出した上司の責任になると思う。

それより何より、部下を育てるという観点からすると、ある程度は失敗をさせないといけないいんじゃないだろうか。

誰だって1回、2回のミスはあって当然だし、それが経験となって、将来的には細かい指示を出さなくても、自ら考えて行動できるようになるからだ。

全てを一人で抱えるな

そりゃあ、同じ失敗を何度も繰り返されたら素質がないもんだと思ってあきらめるしかない。だけども指示を出す方も、相手への伝え方に気を付けなければならない。任せるにしても「じゃあよろしく」と丸投げするんじゃなくて、ある程度は「こうして欲しい」というイメージを伝えないと、指示を受けた方とギャップが生じてしまう。そういう部分を考えると、やはり日頃からのコミュニケーションが大切になってくるだろうし、いつも何かしらの会話を交わしていれば、その人にはどういう仕事が向いているかという部分も見えてくると思う。

そういえば、2014年の夏の甲子園大会で決勝戦まで勝ち上がった三重県の三重高校で采配を振るった中村好治監督の指導理念は、「選手と人として向き合うこと」だそうだ。高校の野球部の監督っていうと、熱血で厳しく、怖いっていうイメージがある。しかし、中村監督は毎日、全ての部員と野球だけでなく私生活についても色々と話をするため、どの選手に付き合っている女子がいるか、ということまで把握しているそうだ。自らマッサージまでしてあげるとのことで、生徒から「監督リフレ（リフレクソロジー）」と言われているとも聞いた。

そんな三重高校は、三重県勢としては59年ぶりの決勝進出にもかかわらず選手が伸び伸び野球をやっていたし、何より監督との信頼関係が築けているように見えた。もちろん、高校野球と会社組織とは一概に比べられない。

でも、監督と選手の関係を上司と部下との関係に当てはめると、いかに日頃のコミュニケーションが大切かが分かる。

ゴルフは個人のスポーツだから、誰かに管理されることはない。逆に言えば全ての責任が自分にあり、どんな結果であっても受け止めなければいけない。だからこそおれは、プレーに直結しないことは誰かに任せちゃった方が気楽でいいと思っている。ただ単に横着なだけなのかもしれないけれど、ゴルフ（スコア）につながる部分は自分でやって、他のことは人に任せているわけ。

ホテルや飛行機の予約も車の運転も、任せてしまえば余計なことを考えなくて済むからゴルフだけに集中できる。

よく「人には任せられない」とか「何でも自分で解決したい」っていう人がいるけれど、一人で全部を抱えてしまったら、自分の仕事を増やすだけだ。そうなると、本当にキッチリやらなければならない部分に目が届かなくなるし、最高のパフォーマンスだって発揮できなくなるだろう。

日頃からコミュニケーションを取って信頼できる人を得て、やるべき仕事の中で人に任せられる部分は任せて、任せたからには文句を言わない。簡単なことなんだけど、これができない人は意外と多いんだよね。

17 Hole

「食」と「酒」へのこだわり

I　食欲との付き合い方

選り好みはしない

食事へ行くと、「どんな食べ物がお好きなんですか」と、よく聞かれる。

傍目には食通のイメージがあるのか、店主が席までやって来て「どこそこ産の、なになにを使った料理はいかがでしょうか」とか、ワインであれば「どの国の何年モノを好まれますか」という具合に、料理や酒の好みを細かく聞かれる事もしばしばだ。だけども、おれは食べ物やお酒に関してのこだわりはほとんどない。もちろん、旨い物には目がないけれど「これでなきゃいけない」といったこだわりという点ではほとんど全てがゴルフに片寄っている。

昔から食べ物の選り好みはない。最近の子どもは好き嫌いが多いらしいが、何でもかんでも手に入る世の中になって、親も自分の子どもが食べられないという物を無理には与えなくなったのだろう。それに比べて、おれがガキの頃は食卓に並んだおかずが残ることはなかった。とくにウチは貧乏農家の4人兄弟だったから、好き嫌いなんてとても言っていられない。出された食事を一気にかっ込んでしまわないと、すぐにおかずがなくなった。

食欲だけは「我慢しろ」と言われても難しい。仮に腹一杯に食べられたって、育ち盛りの時分はすぐにお腹が鳴った。とにかく腹を満たしたくて、近所の畑でスイカやさつまいもをかっぱらったり、ザリガニ釣って焼いて食べたりしていた。そのお陰か、おれはいまでも好き嫌いがない。

唯一、食べられないというか、口にしないのが自然薯《じねんじょ》だ。小学生の頃、学校の裏山で取ることができたので6月頃からツル先に目印を付けておいて秋に収穫した。掘っている途中で折れないよう、ゆっくり丁寧に土を取り除き、丸々綺麗に取り出して市場へ持っていく。3本15円ぐらいで買い取ってくれたので、凄く嬉しかったのを覚えている。食べれば美味しいのは知っているけど、おれにとっては食べる物じゃなくて小遣いを稼ぐための宝物だった。

だから、どこか後ろめたいような気もして知らないうちに、食べず嫌いになってしまったのだ。

キャディのアルバイトをしていた頃の昼食は、お客さんが食事している僅かな時間でも練習したくてゆっくり味わってはいられなかった。言葉は悪いかもしれないけど「早メシ、早グソも芸のうち」という感じで、いつも味噌汁にご飯を入れてズルズルッとかっ込んでいた。

その内、朝からキャディに出る前に「この時間に戻ってくるから、ご飯を用意しといてよ」と、従業員食堂のおばちゃんに頼むようになった。すると、ハーフを終えてすぐにメシが食べられるので、余った時間で他の奴らより練習ができた。ちょうどその頃だったかな。近所の食堂で5分以内にラーメン3杯と羊羹《ようかん》1本を食べると無料になるっていう店があった。

ただし、食べ残すと200円を払わなければならない。普通に注文すれば1杯35円のラーメンで、おれも挑戦したことがある。あの頃は腹に入れば味なんかどうでも良かったのだ。

キャディバッグに正露丸

ただ、プロになってからは食事に気を使うようになった。おれはもともと腸が弱いので、生ものを食べ過ぎるとすぐに腹を下す。キャディバッグにも常に正露丸が入っているぐらいで、少しでもお腹がゆるんだら飲む習慣がある。なので、どんなに新鮮な魚介類でも試合中は食べないようになった。万が一、お腹を下して欠場でもしたらおれの仕事は成り立たないし、スポンサーやファンの方に申し訳ない。せっかく料理してくれた人までも傷つけてしまうことになるから、刺身やお寿司も大好きだけど、そこはプロとして我慢している。

そもそも「食」へのこだわりがない分、助かったこともある。海外ツアーを転戦していても、食事は「腹が満たされればいいや」と思えたのだ。今でこそ海外でも日本食を食べられる店が増えたが、昔はそう多くはなかった。やっぱり白米や焼き魚があれば嬉しいけれど、なくても苦にはならなかった。

逆に「日本食があるだろう」と期待をして見つからなかった時はガッカリしてしまう。そっちの方がよっぽど精神的には辛いと思う。

オリンピックを始め、色んな国際大会で「日本食を持参してきました」「お米を食べないと力が出ない」、或いは「いつもと違う食の環境だったから」というコメントを耳にすることがある。でも、それは違うんじゃないかな。「郷に入っては郷に従え」という諺もあるじゃない。アメリカに行ったらアメリカの、イギリスならイギリスの食文化に馴染まないと言い訳を増やすだけになる。それこそおれは、夕食にハンバーガーやピザが続いても気にならなかった。

結局、おれはゴルフを中心に物事を考えているんだね。「毎日美味しい物を食べればスコアが良くなる」というなら別だけど、決してそんなことはない。考えてみれば食事だけじゃなく、ゴルフに直結しないこだわりというのはほとんど、いや、全くないかもしれない。車や普段の服装にしたってそうだ。

要はゴルフ以外の部分で神経を使いたくないし、「あれもこれも」とこだわりを持つことで、それに縛られちゃうのが嫌なのだ。

昔ながらの職人気質というのかな、仕事に関することなら徹底してやるけれど、それ以外は何でもいい。つまり、こだわる部分を限定するからこそ、他はどうにでも順応できる。一つの道を進むには、そういう考えも必要だと思うね。

Ⅱ　我慢しない酒の飲み方

1日1本ウィスキーを飲み干した

久しぶりに気心の知れたゴルフライターと夕食を共にする機会があった。彼とは十数年来の付き合いだけど、おれがお酒を注文しないので、不思議そうな顔で聞いてきた。

「あれ？　もしかして、お酒をやめられたんですか」

「いや、今日は飲まないだけだよ。毎日飲んでいたら、さすがに身体が悲鳴をあげちゃうもの」

「何だか、青木プロらしくないですね。どこかお悪いんですか？」

「おいおい、これでもおれはスポーツでメシを食ってるんだぞ。今日はコンディションを考えて控えているだけだよ。たまにお酒を飲まないからって、病気をしているみたいに言いなさんな」

「すみません。でも、いつもお酒を飲んでいるイメージが強くて……」

「確かに以前に比べたら飲まなくなったけど、おれも歳相応になってきたってことだな」

「昔は相当飲まれていたって聞きましたよ。試合の期間中でも、毎日のようにウィスキーのボトルを1本空けていたって」

「そりゃあ、20代とか30代の頃は飲んだよ。サントリーの『ダルマ』ってあるだろ。黒い瓶で丸っこいの。当時はあいつを1本飲まないと、1日が終わった気がしなかったもの」

「オフなら分かりますけど、試合中ですよね。翌日にお酒が残っちゃうなんてことはなかったのですか？」

「体力もあったし、ウィスキーの1本ぐらいじゃあ二日酔いになんてならなかった。それより、1本空ける間にどれだけメシを食ったことか」

「どれぐらい？」

「ゴルフは試合中に昼メシを食わないだろ。だから夜はたくさん食べるわけ。おかずになりそうな物を5～6品は注文して、そいつを摘んで、飲んで、飲んでは摘んで、〝ふぅ、食った、食った〟となっても、最後には〝よし、シメにラーメン行くか〟ってなるのが普通だった。それでも翌日はスッキリ起きていたよ」

「ずいぶんと豪快だったんですね」

と、彼は終始、驚いた様子で話を聞いていたけど、我ながら本当によく飲んでいたものだ。遠征先では練習ラウンドを終えて宿に戻ると、明るい時間から飲み始める。そのまま晩飯を食って寝るまで酒が続き、翌日の試合でコースレコードなんかを出すと、また仲間と楽しい酒盛りになった。ただ、〝青木は酒を飲んでるから成績が落ちた〟って言われるのは絶対に嫌だった。

仮に競技委員に「酒臭いぞ」って言われたとしても、「おれの金で飲んでるんだし、結果も出してる。文句ねぇだろ」って突っぱねたかった。誰に対してとかじゃなくて、そうでなかったら自分自身も納得しなかったんだ。でも、いま思うと試合の緊張感をお酒で〝リセット〟していたのかもしれない。

お酒より「ゴルフ依存症」

そういうおれも、元々は酒が弱かった。親父もそんなに飲む方じゃなかったし、どちらかと言うと甘党だった。体格が良いこともあって、周りからは〝飲めるだろう〟って思われていたけど、実は全く飲めない。ビールですら、「なんであんな苦い物が旨いんだろう」と感じていた。

それだけに、当時はよくからかわれもした。プロになる前に働いていたゴルフ場の従業員コンペで優勝した時のことだ。先輩から「おめでとう」とビールを注がれたので、飲めないおれは「ありがとうございます」ってそれを飲んだふりをしてみせた。

すると、先輩はおれが飲めないのを知っていながら「おれの注いだ酒が飲めないのかよ」と絡んできた。仕方がなくて一気に飲み干したら、案の定すぐに酔っ払ってしまってね。で、「飲めねぇものは飲めねぇんだ！」って喧嘩になった。後日、その話を聞きつけた親父に「喧嘩をするぐらいなら、酒なんか飲むんじゃない。飲むなら酒を殺して飲め！」って怒鳴られた。

いったい、何歳の頃からちゃんと飲めるようになったんだろう。お酒はコミュニケーションを取る際には最高のツールだ。だからきっと、スポンサーさんやそういう関係の方たちと食事して「まあ、1杯どうだい」と勧められて、「頂きます」ってやっているうちに身体がアルコールに慣れていったのだと思う。それでも50歳を越えた頃からは、だいぶ控えるようになった。願掛けをしたことで、一切、飲まない年もあったくらいだ。

最近は、身体に負担のかからない程度しか飲まない。飲んだとしても、焼酎のお湯割りか常温の水割りだ。オンザロックや冷たいビールでは身体が冷えるので、ほとんど口にしなくなった。料理屋なんかでは焼酎の水割りと一緒に氷なしの水を頼み、自分で濃さを調整する。料理によってはワインを飲むこともあるけど、そんな時は常温の赤が多いね。

昔はあれだけ飲んでいたウィスキーのようにアルコール度数の高い酒は、味を忘れちゃったぐらい久しく飲んでいない。若い時のおれを知る人なら「よく我慢できるね」って言うだろうけど、結局、おれはゴルフが何より好きでしょうがないんだよ。

もしも「あと1杯飲んだらゴルフができなくなるよ」って言われたとしたら、おれは絶対に飲まない。でも、それは我慢じゃないんだよな。自分のやりたいことができなくなるって考えただけで、怖くて恐ろしくて手が出せないわけ。

お酒は飲み過ぎると「アルコール依存症」になるが、おれは完全に「ゴルフ依存症」である。寝ても覚めてもゴルフのことばかり考えているし、ゴルフができなくなったら、それこそ気が狂うと思う。おそらくこの症状は一生消えない職業病なのかもしれないな。

18 Hole プロとして半世紀を生きてきた

I 逆算のマネジメント

「プロゴルファー冥利」

巡り合わせというのは面白い。

2014年、『富士フイルムシニア選手権』の2日目のことだ。前日のスコアによって中嶋常幸、倉本昌弘両選手と同組になった。永久シード選手が一緒にラウンドすることは珍しいが、とくにこの3人が同じ組になるのは、実に約30年ぶりだったという。

嬉しいことに、この日は2500人以上のギャラリーがコースへ足を運んでくれて、スタートホールのティグラウンド周辺は人で溢れかえっていた。こうなると、プロゴルファーは俄然ヤル気が湧いてくる。しかもおれはホストプロだったので、いつも以上に強い気持ちを持っていた。

大勢のギャラリーに取り囲まれたティグラウンドは、さながら舞台のようだ。〝筋書きのないドラマ〟が始まる直前のひと時、おれたち選手は「今日はどんなゴルフになるんだろう」と期待を膨らませる。スタート時間を迎えるまでの数分の間をキャディと会話して過ごす選手もいれば、緊張をほぐすように素振りを繰り返す選手もいる。いずれにせよ、集中力が最も高まる時だけに、選手それぞれがリラックスを図るのだ。

そしてスタート時間がやってくると、選手を紹介するアナウンスが流れ始める。今回もおれは、そいつを耳にしながらゆっくりとティペグを地面に突き刺し、そっとボールを乗せた。身体を起こして何度か素振りをしていると、おれの名前が読み上げられてギャラリーから拍手が湧く。左手でクラブを握ったまま、挨拶代わりに右手で帽子のツバに触れて、ついでにシャツの左肩をチョンと摘むのがおれの癖である。

その後もテンポを崩すことなく、クラブを握って右手のグリップを完成させながら、目標方向を確認してスタンスを取ると「いよいよ打つな」とギャラリーにも伝わるのだろう。それまでの賑やかさが嘘のように、周囲は一気に静まり返る。その静寂の中、最後にもう一度狙い所を再確認してからボールを放つと、ギャラリーからはまた拍手が湧き起こる。この瞬間の気持ちの良さは、プロゴルファー冥利に尽きると言っていい。

2004年に「世界ゴルフ殿堂」に迎えられた頃から、おれは「プロゴルファー冥利」という言葉を使うようになった。

もちろん、優勝をした時もそうだけど、様々な経験をしていくうちに、「試合に出場できる喜び」や「ゴルフができる幸せ」を実感するようになったからだ。

20代から30代の頃のおれは、〝賞金稼ぎのハスラー〟とでも言おうか、とにかくギラギラしていて周囲を寄せつけない雰囲気を持っていた。ゴルフに対する考え方も、「優勝しなけりゃ2位もビリも一緒だ」と思っていて、「プレーできる喜び」なんて全く分からなかった。それが年齢とともに丸くなってきたんだろう。

「優勝したい」という気持ちは変わらないけど、昔のように「勝たなければ意味がない」とは思わなくなった。

年をとっても戦える

考え方と同様にプレースタイルも変化してきた。飛距離を強く意識していた若い頃はティショットで〝ドカーン〟と打って、できるだけグリーンに近づけたかった。2打目の距離が短ければ短いほど、バーディチャンスにつながると思っていたのだ。

だが、それにはリスクもあるし、徐々に体力的にも若い選手には敵わなくなってきた。そこで、ある時期からパットやアプローチ勝負のスタイルに変えた。ティショットを無茶振りするのではなく、グリーンから逆算していくコースマネジメントに変わったのだ。飛距離重視のドロー系の球筋から方向性を重視したフェード系のスウィングを身体に覚え込ませたことで、40代に入ってからも何十勝も挙げられたのだ。

ところで、年齢を重ねていくと「ありがたい」という気持ちが強くなるのは何故だろうか。ちょっとしたことでも、それまでは感じなかった感謝を覚えるから不思議である。ゴルフに限らず他のスポーツでも、肉体のピークを過ぎると、少しずつプレーに対する意識も変わるだろう。

例えば、戦力外通告されたプロ野球選手が各球団に実力をアピールする「トライアウト」を受けて、合格を果たしたとしたら、グラウンドに立てるだけで「ありがたい」と感じるはずだ。

おれも膝の手術をしてから、「いつ、何が起こるか分からない」と考えるようになった。毎日のストレッチやリハビリを欠かさなくても、一つ間違えてケガをしてしまったら試合はもちろん、練習すらできなくなると痛感した。

それだけに、この試合もしっかり体調を整えて臨んだのだが、最後までゲームの流れを摑めずに良い結果を残せなかったのが残念でならない。しばらく試合から遠ざかって実戦感覚を持てずにいると、いざコースに出てもゲームの流れを作るのは難しい。ケガから復帰して5試合目ということで本調子には遠く、さっぱり「試合勘」が戻ってこなかったことに尽きる。

そういう年齢になったのかもしれないけれど、おれは今でも悔しくてしょうがない。とはいえ、歩くのも大変だった数カ月前に比べれば3日間の試合を戦えただけでも進歩したと割り切るしかない。

どんな仕事でも加齢で体力的なパフォーマンスが変わる中で、以前と同じような結果を出すのは難しいと思う。無理に結果を求めても大切な何かを見失うこともあるだろう。

そう考えると、当たり前のことを「ありがたい」と感じながら試合でプレーできているおれは幸せである。

Ⅱ　決して絶えない原動力

老骨に鞭打つな

２０１４年の暮れも押し迫る頃、１年間のシーズンを振り返ってみた。

5月に左膝をぶっ壊してからというもの、不完全燃焼どころか、点火すらできないで終わってしまった印象だ。

ゴルフというスポーツでメシを食っているおれが、クラブも握れず杖をついて歩くなんて考えもしなかった。「元のようにゴルフができるんだろうか」って不安だったし、何だか惨めな気分でね。膝以外は元気なだけに、自分の気持ちを抑え込むのが大変だった。それでも、やるべきことをやっておかないといずれ後悔する。必死にリハビリを続けて、何とかスウィングができるまでに回復したのが9月に入ってからである。久しぶりに練習場の打席に立つと、ボールはやけに遠くに感じるし、クラブも妙に重たい。おっかなびっくり打ってみたら、案の定、まともには当たらなかった。がっかりはしたけれど、一方で「またゴルフができる」という喜びも心底味わうことができた。

それから6つ試合に出場したが、納得のいく結果は残せていない。そりゃあそうである。実は今でも、クラブを思い切り振るのが怖いんだからね……。

インパクトの直前に左へウェイトを乗せようとすると、自然と身体がストップをかけてくる。しょうがないから、上体でカバーしようとするんだけど、すると今度は負担が腰にくる。「こっちを庇って、あっちが痛めつけられて」の繰り返しだった。だけど、ゴルフの内容は少しずつ良くなってきていると思う。

次の誕生日を迎えると、おれも73歳になる。年齢を考えれば「青木はいつまでやっているんだ」って言われるかもしれない。でも、まだまだトーナメントで戦っていたいのである。「あと何年やろうか」とか考え出したら寂しい気がするし、競技ゴルフから離れてしまったら目標を失ってボケがきちゃうかもしれない。「仕事のあるうち、できるうちが華」と言うじゃない。だから、自分からは可能性をなくしたくないのだ。

最近つくづく感じるのは、30代、40代の頃と今とでは、同じ1年でも変化のあり方が違うってことだ。若い頃は、試合で勝っても負けても自分が成長していることを実感できたけど、70歳を超えるとそうはいかない。技術や精神面の維持はできても、体力の衰えだけはどうにも止められない。できるのは、そのスピードをどれだけ抑えられるかである。

ただ、身体が幾分か動くようになったからといって、「よし、体調が良いからもうちょっと」という具合に無理なトレーニングはやらないようにと意識している。

72歳の今のおれには、73歳になった時の体力を経験していないので、その1歳の差が体力的にどのように変化するかとか、技術的にどんな影響を及ぼすかはまったく分からない未知の世界だ。

ちょっとしたことでも、またどこかがぶっ壊れる可能性があるので、決して老骨に鞭《むち》打っちゃいけないわけよ。


「努力を続けるにはどうしたら良いか」

話は少し変わるけど、２０１４年12月に、あるイベントで1時間ほどの講演をさせて頂いた。ゴルフ一筋でやってきたおれが人様の前で喋るなんておこがましいとも思うんだけど、結構、講演の依頼を頂くのだ。今回は『全米オープン』や『全英オープン』の解説などで、いつも一緒に仕事をしているテレビ朝日の森下桂吉アナウンサーとの掛け合い形式だった。

ゴルフとの出会いやプロ転向後のこと、海外ツアーで戦っていた時のエピソードなど、あっという間に時間が過ぎていく。そこでも少しお話ししたけど、おれにはあまり「世界に挑戦した」という意識はない。１９７８年の『世界マッチプレー』で優勝してから、マスコミに「世界のアオキ」と報道されるようになったけど、それは周りが勝手に言い始めただけだ。自分では「ヨーロッパのコースってどんな感じかな」とか、「おれのゴルフはアメリカではどれだけ通用するんだろう？」と、単純に好奇心に身を任せて飛び回っていただけ。要は、世界の色々なゴルフ場でプレーしたくてしょうがなかったのだ。

それこそ、「自分はゴルフをしに行っている」という意識があるから、会話や食事で苦労したなんてほとんど思わなかった。ロッカールームでは「よう！」ってそこいら中の選手の肩を叩いたり、一方的に日本語で喋りかけたりしていたし、ホテルで毎日のように日本から持参したインスタントラーメンを食べていても、少しも不自由とは感じなかった。

結局のところ、おれはゴルフのできる環境さえあれば幸せなんだな。それだけゴルフが好きだし、ゴルフに関する好奇心が強いのかもしれない。

講演の終盤に「努力を続けるのにはどうしたら良いか」という質問を受けて、すぐにおれはこう答えた。

「〝努力を続ける〟って言葉は格好良いかもしれないけど、自分の好きなことを続けるためにいまできることをやればいいんじゃないかな。若い頃に、毎日腹筋を100回やっていたからって、それをずっと続けるのは難しいでしょ？　だけどそれが50回になっても、〝続けていること自体が自分を支えている〟と思えれば、それも努力だと思うんだ。大切なのは続けること。〝好きこそ物の上手なれ〟という言葉があるけど、仕事でも趣味でも好きなことを続けたいなら、そのためにやるべきことを日課にしなきゃいけないんだ」

実際には聴衆だけじゃなく、自分自身にも言い聞かせていたのかもしれない。人生は「あれがしたい、これがしたい」っていう願望があればあるほど自分を大切にするし、目標も探せる。

おれは大好きなゴルフを続けるために、来年も再来年も、未知の自分への好奇心を持って歩き続けるだろう。

対談

「蔵出しの秘話」

笑福亭鶴瓶（落語家）VS. 青木功

生まれ変わっても

青木　おれたち、最初はどこで会ったんだろう。

鶴瓶　１９８９年頃、大橋巨泉さんがハワイで主催したゴルフトーナメントでご一緒したんじゃないですか。

青木　マウイ島の『ワイレアゴルフクラブ』かな。

鶴瓶　そう、うちのやつ（嫁）を連れて行ったら「一緒にやろうよ」って言うてくれて。ゴルフは僕より、嫁の方が上手かった。

青木　鶴瓶さん、奥さんに負けてんだもん（笑）。

鶴瓶　そういえば青木さんとこ、京都駅に２人で出てますやんか。新幹線に乗ると、青木さんと奥さんのチエさんの笑顔が見えます。

青木　「サン・クロレラ」さんの広告だろ？　あれ、これ以上ないってぐらいの笑顔でしょ。

鶴瓶　青木さん、ちょいちょいチエさんに怒られてはんのに、えらい笑顔（笑）。

青木　ワハハ。でも、夫婦はそもそも他人同士だから一緒になって喧嘩しないわけないよね。女房はよく「結婚は我慢」って言うんだ。ある程度は我慢すれば、そのうちに「仕方ない」って思える。その時に初めて夫婦になるんだと。

鶴瓶　で、認め合うし、互いに「この人おらなあかんわ」って、なるんですよね。うちも嫁がおってこれまでやって来れました。普段はいろいろ言われますけど、一方で仕事がしやすくなるように尽くしてくれます。だから、いかにそういう人と出会うかでしょう。そう考えると、青木さんもやっぱりチエさんがおって、今があると思うんですよね。

青木　自分を殺してでも、わがままを聞いてくれる人がいたってことだね。

鶴瓶　よう考えたら、僕とか青木さんの嫁はんになるいうのは、もの凄く大変なことやと思いますよ。

青木　わがままだもんな。

鶴瓶　ほんま、わがままですよ。だから僕は、「生まれ変わってもあの人でないとあかん」ぐらいに思ってます。青木さんも同じでしょ？

青木　うん、同じだね。

鶴瓶　うちは今年（２０１４年）でちょうど結婚40年。チエさんとは何年になるんですか？

青木　結婚が１９８０年だから、34年かな。出会いはもうちょっと前で、かれこれ40年近くになるよ。

鶴瓶　『ハワイアンオープン』の優勝はいつでした？

青木　１９８３年2月13日で、翌日の14日に親しい仲間だけで式を挙げたんだ。

鶴瓶　かっこ良過ぎるわ。優勝してその次の日でしょ。もう、優勝をするしない関係なく、式を挙げようと言うてはったんですか？

青木　すでに入籍はしてたんだけど、式は挙げてなかったからね。で、「じゃあ、ハワイアンオープンの次の日にしよう」って言ってたら勝っちゃったの。

鶴瓶　チエさん、女神ですね。でも、このことはあまり知られていないでしょう。

青木　鶴瓶さんに聞かれなきゃ、黙ってたと思う。

鶴瓶　何で言いませんの？

青木　今日、鶴瓶さんが来てくれて奥さんのこと話したから、こっちも自分のことを言わなきゃいかんと。

鶴瓶　これは日本人として凄いことじゃないですか。僕はゴルフはそんな詳しくないですけど、当時、アメリカで優勝するってことは物凄いことですよ。今でも、そない優勝する人は少ないんですから。優勝して、その次の日に挙式って……。テレビドラマができますよ。

青木　それもね、アメリカの試合に挑戦してちょうど１００試合目だったの。

鶴瓶　えぇ！　何でもっと外で言いませんの（笑）。

青木　まあ、ちょうどプロ生活50周年だからね。

鶴瓶　アメリカに挑戦して１００試合目で優勝して、次の日に式を挙げたって。チエさん、喜んだでしょ？

青木　まあ、今度、本人に聞いてみてよ。

初対面で「ご飯作っといて」

鶴瓶　青木さんは初対面の時から、もう10年ぐらいの付き合いみたいな親しい喋り方しはるでしょ？　だから、僕も実際に青木さんとどれくらいの付き合いなのか分からんようなるんですわ。大体の人は「そこまで親しくして頂いて良いのかな？」って心配になる。だから、僕も最初は付き合い方が分からなかったんです。青木さんは、誰にでもこういう感じなんですか？

青木　1回会っちゃえば、10年も15年も同じだよ。

鶴瓶　そういう性格的なことが、全てにつながっているんですね。最初から、誰にでも同じく接するところが素晴らしいな思うんですよ。以前に、NHKの『鶴瓶の家族に乾杯』（2005年11月放送）って番組に出て頂いた時もそうですやん。

青木　そういえば行ったね。

鶴瓶　北海道の白糠町《しらぬか》っていうところで、初対面の町の人に「ご飯作っといて。後で帰ってくるから」って言ったじゃないですか。「ようこんなこと言うわ」と、あれは凄いと思いましたよ。別に「おれは青木功だからやっとけ」じゃないんですよね。全然嫌味じゃないの。

青木　漁師さんの家にお邪魔したんだよね。でも、お願いして大丈夫な人とそうでない人は、しっかり選んでいるつもりだよ。

鶴瓶 感覚で分かる？

青木 何となく分かるかな。ところで、あの時、鶴瓶さんが怒られたの覚えてる？

鶴瓶 覚えてないですわ。

青木 秋鮭の身だけ食べて皮を残したでしょ。そしたら「漁労長」さんが、「秋鮭は身よりも皮のほうが美味しいんだ」って。

鶴瓶 ああ、そうそう。あの頃は魚の皮は気持ち悪くて……。でも、お陰で食べれるようになったんですわ。でももう、10年ぐらい前ですよ。よう覚えてますね。

青木 鶴瓶さんはいつも忙しくしているから、いろいろ忘れていいんだよ。

鶴瓶 僕も覚えてますよ、一緒にゴルフした時のこととか。世界の青木功は、素人の僕相手でも絶対に手を抜かなかったですね。7～8年前に一緒にラウンドした時、最後のホールだけは勝てたって思ったのに、素人の夢をブチッと……。

青木 何で手を抜くのよ。

鶴瓶 手を抜くっていうか、ちょっとぐらい緩めてもええやないですか。

青木 抜かん、抜かん。

鶴瓶 そういえば「遊びの時の方が大事なんだ」と言うてましたね。

青木　一度でも手抜いたら、勝負した時にも抜くって。おれはアマチュアの人と一緒の時も、ツアーの試合をやってる感覚なんだよ。

鶴瓶　試合のつもりやと。

青木　そう。常にそういう意識でやらないと、試合の時に「まあ、いいか」ってなっちゃう。

鶴瓶　それは仰ってましたね。落語の「上手い」「下手」は観てる人の好き嫌いみたいなもん。「この人のは好きやけど、こっちの人のはちょっと合わんな」って。でも、ゴルフは勝ち負けがはっきりしてるでしょ？

青木　白黒はっきりしてる。例えば最終日に10位で出たとする。で、「7位だ、5位だ」ってどんどん順位が上がっていくうちに、「ひょっとしたら1位を捕まえられるな」って気持ちになるから、絶対にあきらめない。

鶴瓶　徐々に順位が上がっていって、優勝することってあるじゃないですか。そん時は楽しいでしょ？

青木　そりゃあ、楽しいなんてもんじゃないよ。「おお、上の連中が止まってる！　行くぞ！」っていう感じだから。そのかわり、3日目を終えてトップにいると、よせばいいのに後ろを振り返っちゃうんだ。そうすると、その隙《すき》に抜かれたりね。

鶴瓶　青木さんも、後ろを振り返りますの？

青木　たまに振り返るから負けるんだよな。追いかけている時と同じ気持ちで行きゃあいいのに、気持ちに少し余裕があるんだと思う。だけど、追い抜かれた時点でもうダメ。気持ちが切れちゃうっていうのかな。

続けることが人生

青木　鶴瓶さんは、目の前にいるお客さんを相手に話をしていて、「もうちょっとやりたいな」とか「少し足らなかったかな」とか、「もっと頑張ろう」って思うのは、どういう時なの？

鶴瓶　そんなことばっかりですよ。でも、僕は他の噺家《はなしか》さんとちょっと違うんです。人の意見を全部聞くんですよ。普通、素人さんに何か言われたら「黙ってて」って思うじゃないですか。でも僕は「あ、そういう意見があんのん」って、それをやってみようと。で、フィットする時がある。

青木　例えばどんなこと？

鶴瓶　プロゴルファーが「あのパット、ちょっと打つのが早かったよ」ってアマチュアに言われてるような感じなんですけど。他の噺家さんと違って、僕はこういう、何でも言えるような雰囲気やから……。

青木　話しやすいのかな。

鶴瓶　話しやすいんでしょうね。だから、僕は珍しいパターンやとは思いますけど、逆に。

青木　人の意見を聞き入れる気持ちがあるからなんだね。おれも鶴瓶さんと話していて、「この人だったら何を話してもいいだろう」みたいなのがある。甘える気持ちはないんだけど、そういう感じで話しやすいもの。

鶴瓶　逆に、むちゃくちゃ言われる時もありますよ。ＮＨＫの紅白歌合戦の司会をやった時なんか、大阪のおばちゃんがいきなり来て、「あんた、司会なんかできんの？」って（笑）。それで「はい」って言うたら、その隣のおばちゃんから「この子かて、もうええ年してんやからできるわ」ってツッコミが入る。これにも僕は腹が立つって思わないですよ。おもろいなあと。

青木　鶴瓶さんは「これ良いな、これも良いな」って常に発見できる人なんだね。

鶴瓶　常にみんなを笑わそう、楽しませようという意識はあります。そのせいか、腹が立つより「これおもろいな」という方が多いですね。この間も、待ち合わせで銀座の真ん中で立ってたんです。そしたら通りすがりの人が「ああら、むき出しじゃん」って(笑)。「むき出し」なんて、そんなん言われること滅多にないでしょ。

青木　ない、ない(笑)。

鶴瓶　普通の人は絶対に言われないことでも、僕らにはそれがリアルやから。わざわざ作ろうと思って出せる言葉じゃないですよ。

青木　見た人が瞬間的に発するものだからね。

鶴瓶　だから、「この発想、おもろいな」って思えるんです。全てのもんを取り入れるっていうのが。そんなんがあるから、日常のおもろいエピソードとかもずっと書き留めているんですよ。

青木　へぇ、そうなんだ。

鶴瓶　1週間にあったことをちょっとずつ書いていて、それが今につながっているんです。僕はこれを40年近く続けてます。

青木　なるほど。続けてやらないと気持ち悪いでしょ。

鶴瓶　そうなんです。
青木　おれが25歳からトレーニングとストレッチを続けているのと同じだね。
鶴瓶　僕のストレッチです。
青木　続けることが人生だよね。必要なことを続けていれば、好きなことができるし、好きなことのためにはまた、それを続けていく。
鶴瓶　そんな青木さんの性格の〝芯〟の部分っていうのは変わらないんでしょ？
青木　今でも「ゴルフはおれが一番上手い」と思ってやってるよ。
鶴瓶　海外では「こういうやつもおんのか」とか、「こいつ凄い」って思う人がたくさんおられました？
青木　「こいつは何が上手いんだろう」「それはおれにも当てはまるだろうか」って、そういうのを考えながらやってた。そのうち、オーストラリアだ、イギリスだって、海外へ行くことが楽しくなってね。そういう中でもやっぱり「ゴルフはおれが世界で一番上手い」と思ってた。だから、成績が悪くても「不可能はない」って思えたわけ。
鶴瓶　「不可能はない」っていう、その青木さんの「気」が凄いんですよ。
青木　たぶん、気持ちがどんどん、外へ出て行くんだろうね。

「プロの世界」で生きること

鶴瓶　青木さんにとって、日本はエネルギーの発散場所として小さ過ぎて、それが爆発して世界へ飛び出して伸び伸びしたんやと思います。そうやってゴルフ界を牽引してこられた。今の若い子、例えば松山英樹プロや石川遼プロへとバトンをつなげて来たのは、やっぱり凄いことやと思います。

青木　そうなのかな……。

鶴瓶　だって、今やみんなが青木さんが通ってきた道を歩いてるじゃないですか。

青木　そういう風に見てくれる人がいるってことは幸せだよ。若い世代には余計なお世話かもしれないけど、「ここをこうしてみろよ」とか、ある程度は言ってあげたいんだよね。これからの時代にどんな新しい選手が出て来るのかなって、実は凄く期待しているんだ。

鶴瓶　噺家の世界って400年の歴史があって、その根っこみたいなところ、江戸落語を集大成した三遊亭圓朝とか、そういう方々がいます。青木さんはゴルフ界で言うところの圓朝師匠みたいな存在と思いますよ。

青木　「プロの世界」って行き着くところは一緒だと思うんだ。ひたすら「極めよう」って夢を追うところもね。でも、その過程で誰かに助けてもらえる部分は少なくて、結局は自分で全てやらなきゃいけない。それにはまさに「今あること」が大事であって、その後のことはあくまでプラスアルファ。先の先まで考えて物事を進めようとしない方が、却って現実味があっていいような気がするよ。

鶴瓶　全くその通り。先のことより「今」ですね。だから、僕は落語のＤＶＤなんかも一切出さない。まさに「今」が大事だからです。

青木　おれの好きな言葉に「今、ここ、自分」というのがある。ゴルフをしている時も瞬間的な場面を大切にしたい。今ここで鶴瓶さんと会って、２人で話してる。この瞬間を大切にしたい。この瞬間は一つの〝生き甲斐〟でもあるんだよね。

鶴瓶　普段は〝青木語〟が分からなかったですけど、こないじっくり話すとええこと言わはるんですね（笑）。

青木　50年もプロゴルファーやってると色んなものが見えてくるんだよ。いや、今日は本当にありがとう。

（この対談は、２０１４年に行われました）

あとがき

プロゴルファーになって半世紀。いったい、どれくらい歩いて来たのだろうか。スコアが良かろうが、悪かろうが、ボールを打っては歩き、打っては歩き、膝がぶっ壊れた今でも歩き続けている。

それでもゴルフを「つまらない」と感じたことは一度もない。常にその先にある何かを求めて課題を探り、挑戦してきたから、むしろ昔より72歳になった今の方が「上達したい」という気持ちが大きい。それはきっとゴルフというスポーツが自然の中で行われるからだろう。芝を読み、風を読み、色んな要素を考慮してボールを打つ。ひとたびボールを打ってしまえばその先は何が起こるか分からない。予測がつかないからこそ楽しいし、なにより自然に対してプレーヤーが立ち向かって行くところに面白さがある。

2014年のクリスマス前に東京の帝国ホテルで「プロ生活50周年を祝う会」を開い

て頂いた。嬉しいことに年末の忙しい時期にもかかわらず、長年お世話になっている人や普段なかなか会えない方々、また、プロゴルファーに限らず安倍晋三首相をはじめ、多くの著名人の方がお祝いに駆けつけてくれて総勢800人以上にもなる盛大な会になった。会場で多くの人に「おめでとう」と声を掛けられたが、今こうしておれがゴルフできているのも、そうした方々のお陰である。もちろんプロとして凄く嬉しいことだし「頑張らねば」というプレッシャーもあるけど、逆にそういった気持ちがなくなったら、お終いだと思う。だからこそ、これまで応援してくれた人に対しての感謝の気持ちだけは常に忘れちゃいけないんだと改めて感じた。

その席で永遠のライバルであるジャンボ（尾崎将司）が「老驥《ろうき》千里を思う」という言葉で挨拶を締めくくってくれた。英雄が年老いても覇気を持っていつまでも自分の夢を追い続けるという意味らしいのだが、この言葉を聞いて、今やるべきことをしっかり実行して「100%やりきった」というところまで挑戦したい気持ちが更に強くなった。あきらめるのは簡単だけど、続けるのは難しい。いずれは引退を考えなければいけない時期は来るだろう。人間誰しも、思い通りに身体が動かなくなる時があるからね。でも、できなくなった時に、自分のゴルフ人生を振り返って悔いだけは残したくない。結果的に、自分のやっていることに対して「満足できるのか、できないのか」、悔いを残さない「努力をやったのか、やらなかったのか」だと思う。「引退」とか、「限界」とか、そういう考えは頭の中から取っ払って、常に努力をしていたい。〝その〟時が来たら来たで考えればいいと思っている。

最後に、「週刊新潮」での連載では、週刊新潮編集部の池葉英樹氏、前任の内木場重人氏（ウェブフォーサイト編集室）、そして連載から本書が形になるに当たっては、新潮新書編集長の後藤裕二氏と同部の丸山秀樹氏、また、フリーライターでもあり、おれのキャディを長年務めてくれていた横山大輔氏、彼らの協力に深く感謝を申し上げたい。

２０１５年3月

プロゴルファー　青木 功

青木功：公式ホームページ：http://www.isaoaoki.com/

＊本書は、「週刊新潮」での連載「おれのゴルフ」（２０１４年1月30日号～２０１５年1月1・8日号）を改題、改編しました。

青木 功　1942(昭和17)年、千葉県生まれ。プロゴルファー。1964年にプロ入り。世界4大ツアーを制覇。通算85勝。国内賞金王を5回獲得。2004年、「世界ゴルフ殿堂」入り。2008年、紫綬褒章を受章。

Ⓢ新潮新書

610

勝負論《しょうぶろん》

著 者　青木《あおき》 功《いさお》

2015年3月20日　発行
2015年4月5日　2刷

発行者　佐藤隆信

発行所　株式会社新潮社

〒162-8711　東京都新宿区矢来町71番地
編集部(03)3266-5430　読者係(03)3266-5111
http://www.shinchosha.co.jp

印刷所　大日本印刷株式会社
製本所　株式会社大進堂

ISBN978-4-10-610610-1　C0275

価格はカバーに表示してあります。